A
TOOLKIT
FOR YOUR
EMOTIONS
情緒解鎖

我的情緒收藏 (一點點)
(英文詞彙)

懺悔 / 悔恨 / 惱怒 / 憤慨 / 思鄉 / 寒心 / 啟發 / 擔憂 / 害羞 / 膽小 / 盛怒 / 貪婪 / 挫折

技術壓力 TECHNOSTRESS
技術日新月異帶來的壓力

錨定 ANCHORAGE
在時間流逝時想要抓緊的慾望

心絲蟲 HEARTWORM
一段早已結束的感情或友誼，但是你無法忘懷

忐忑 THE HEEBIE-JEEBIES
一種緊張恐懼或憂慮的狀態

渴望 DESIDERATUM
渴望我們不再擁有的東西，但是又非常希望擁有它

愛得暈頭轉向 TWITTERPATED
為愛癡狂——你的頭腦一片空白

格格不入 MONACHOPSIS
一種微妙而持久的恐懼感，害怕與他人格格不入

拋開一切的喜悅 STRIKHEDONIA
說「見鬼去吧」的快感

自身無從體驗一切的侷限感 ONISM
覺察到你將體驗到的世界有多麼渺小

A Toolkit For Your Emotions:
45 Ways To Feel Better

情緒解鎖

解開負面循環的45項練習，
幫你打開幸福開關

臨床心理師、大學講師兼本書繪者
艾瑪・赫伯恩醫師 Dr Emma Hepburn——著
戴月芳博士——譯

晨星出版

目錄 Contents

導言：情緒世界　　　　　　　　　　　　6

第 1 章
認識情緒　　　　　　　　　　　　　16
我們為什麼會有情緒？　　　　　　　　18
別叫我們「基本情緒」　　　　　　　　26
情緒的食譜　　　　　　　　　　　　　32
我預測有暴動！　　　　　　　　　　　40

第 2 章
為什麼我們的反應各不相同　　　　　46
百變情緒盒　　　　　　　　　　　　　48
我們周遭的世界　　　　　　　　　　　56
思考的大腦　　　　　　　　　　　　　64

第 3 章
回應我們的情緒　　　　　　　　　　72
我們學習到的情緒反應　　　　　　　　74
走開啦　　　　　　　　　　　　　　　82
找出你的情緒　　　　　　　　　　　　90
表達自己　　　　　　　　　　　　　　98
情緒與行動之間的空間　　　　　　　106

DISCOMBOBULATED 英語
困惑和不安

HIRAETH 威爾斯語
與故鄉的深厚感情

IKTSUARPOK 伊努特語
客人到達時會坐立不安

SISU
芬蘭語
面對逆境的
非凡決心

FERNWEH
德語
對遠方的
呼喚

FEIERABEND
德語
工作日結束時
的節日氣氛

第4章
感覺良好的情緒   118
舒緩情緒   120
振奮的情緒   128

第5章
感覺不太好的情緒   138
焦慮與恐懼   140
憤怒   148
悲傷   154
內疚和羞愧   162

第6章
情緒和行為的模式   172
建立與打破情緒模式   174

情緒：繼續馳騁   184
延伸閱讀   188
感謝   191

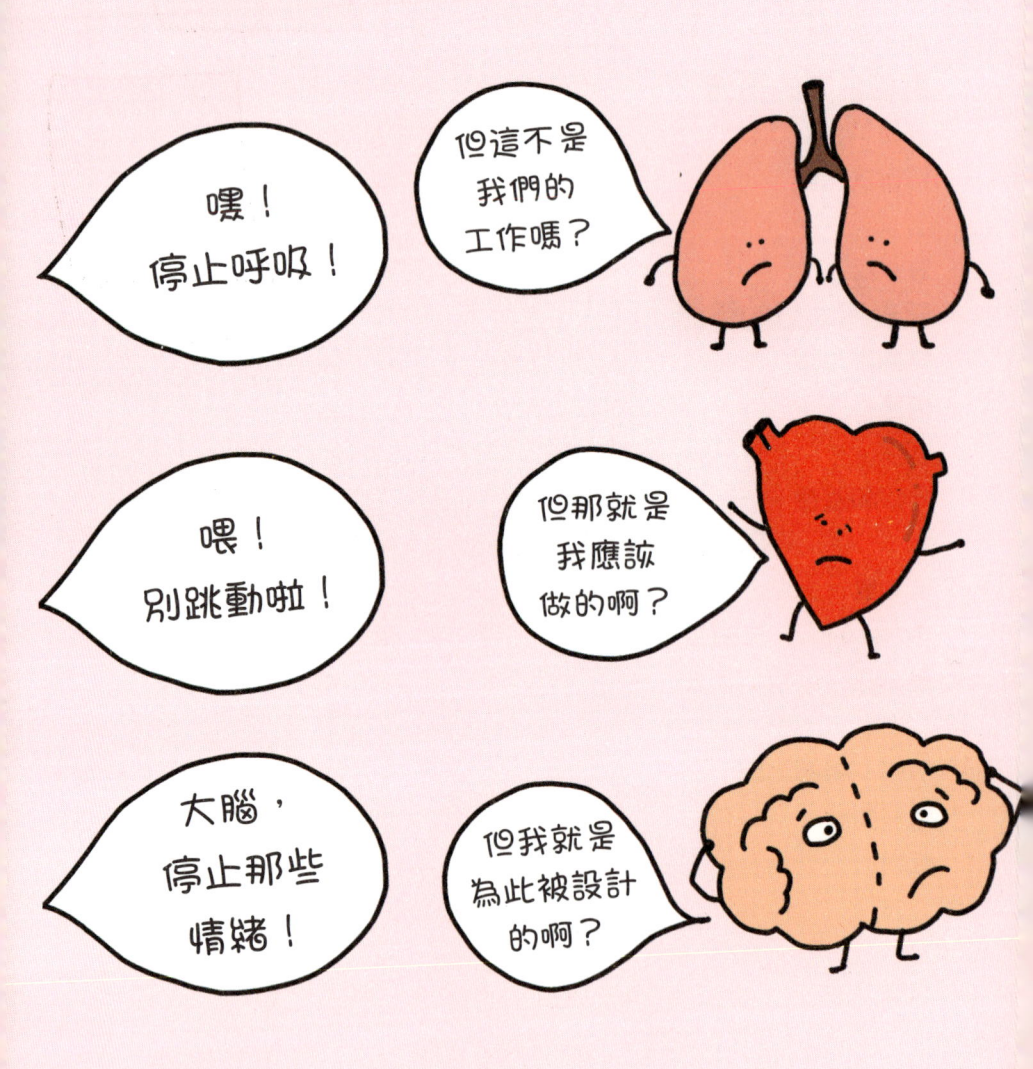

你的大腦與情緒

喂！停止呼吸！

但這不是我們的工作嗎？

喂！別跳動啦！

但那就是我應該做的啊？

大腦，停止那些情緒！

但我就是為此被設計的啊？

導言：情緒世界

我們在生活中都會有很多情緒。就我個人而言，我甚至**對於**情緒有許多感慨。在我成年後的大部分時間裡，我都在思考情緒問題——這不僅是我身為臨床心理師工作的一部分，而且還透過我的研究、講座和治療計畫來實踐。以下是一些我曾在自己生命感受過的相關情緒例子——也許有些會引起你的共鳴。

同理心：通常情況下，當人們的情緒影響到生活時，他們就會去看心理師，因為情緒會讓他們感覺很糟糕，妨礙他們做事，或者影響健康、幸福和與人溝通的能力。我職業生涯的大部分時間都在傾聽和思考情緒——尤其是那些我們不願提及又難以啟齒的情緒——以及探索情緒背後的故事。要幫助別人理解這些情緒，唯一的辦法就是了解他們走到今天這一步的故事，知道是什麼導致他們走到今天這一步。在傾聽的過程裡，我的大腦也會產生情緒。我可能會為創傷的故事感到震驚，為失望的故事感到悲傷，有時候也會為自己無法理解的經歷感到痛苦。但，當人們發現自己走出了黑洞，

體驗到了幸福，或者他們與某件事或某人建立了聯繫，從而讓自己感受到自己的價值時，我也會為這樣一個小小突破而感到同樣的欣喜。

從懷疑到欣賞：我一開始踏上臨床心理學之路時，我記得我曾經對自己的情緒感到懷疑。難道我在傾聽時不應該保持客觀嗎？與他人一起感受情緒有錯嗎？後來我意識到，這只是我們大腦的設計方式所導致——對他人的情緒做出反應、理解和共情是人類的天性。隨著職業生涯發展，我開始認為自己的情緒有利於建立與他人的聯繫、理解他人的經歷，和識別壓力源。現在，我認為情緒是治療間的重要部分。正如我們將在第1章中所見，我們對自己情緒的信念，會對我們如何回應和應對它至關重要。就我而言，我對自己情緒的看法發生了轉變，從沮喪轉變為好奇、接受，有時候甚至是欣賞。

驕傲（有時是不合時宜的）：我並非總能自如地應對自己的情緒——就像大家一樣，我擁有的情緒，與我的出身背景、情境和信仰有著根本的聯繫。我的孩子們對情緒侃侃而談。且由於出色的老師們在學校開設課程，孩子們並不認為體驗情緒會讓他們變得怪異；這些情緒就只是出現了。然而，

在 20 世紀 80 年代的蘇格蘭，情緒並不是學校課程的一部分。我的情緒詞彙僅限於挪威男孩樂隊、對澳洲肥皂劇的反應以及我們在電影院看的電影。不過，我確實記得，我曾經為自己很能克制重大情緒而感到自豪——我是那個能安然無恙地看完青少年恐怖片的人（或說我是假裝如此）。我完全贊同英國人「嘴硬」（stiff upper lip）的觀念（這對後來成為臨床心理師還都談情緒的人來說真是諷刺）。不過，我懷疑這是由於我成長時的社會態度造成的，這個社會很拘謹，通常不喜歡公開表達情緒。我們沒人有辦法將自己的大腦及相關情緒，從其發展和所在的情境中解放出來。這影響著我們如何感知、表達和回應我們的情緒。

好奇心：我在十幾歲時的大學課堂上，才第一次正確地思考情緒問題。在那之前，我不知道自己是否會思考情緒到底是什麼，也不知道自己除了快樂、悲傷或者擔憂等這些基本情緒，是否還能準確描述自己的感受。關於情緒和心理健康的講座，讓我對如何應用心理學來幫助人們解決情緒問題，產生了濃厚的興趣，並受到了啟發。

著迷：聽完那些啟發式的講座後，我對情緒產生了濃厚

生活就像雲霄飛車（情緒）

> 現在正平穩地滑行。

> 讓我們盡情地享受這美好時光吧！

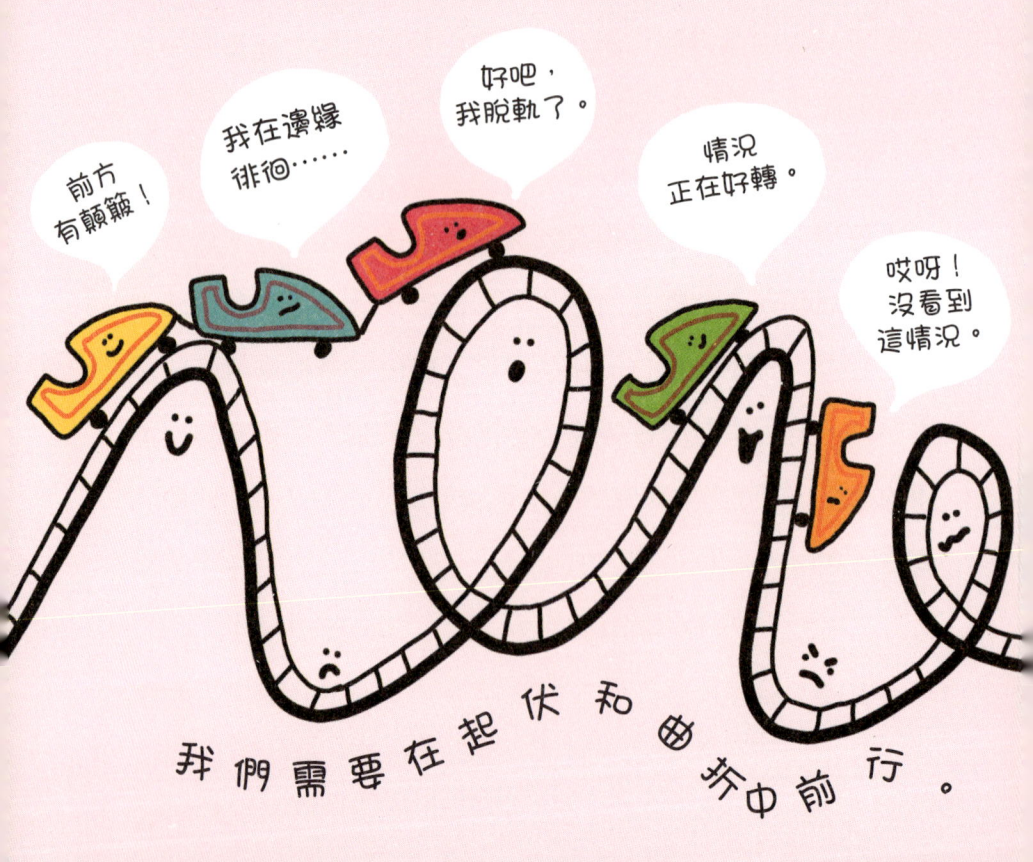

我們不會一直在平穩的軌道上滑行。

> 前方有顛簸！

> 我在邊緣徘徊……

> 好吧，我脫軌了。

> 情況正在好轉。

> 哎呀！沒看到這情況。

我們需要在起伏和曲折中前行。

的興趣，每當我發現一個情緒的新詞彙，我就會把它收藏起來，在便條紙和隨意一張帳單上潦草寫下。有時候，我甚至會編一些單詞來描述情緒——看完一套盒裝書時的那種失落感，或者獨處時思念孩子的喜悅。我時不時會偶然發現這些單詞，懷念起年輕時的自己，熱衷於收藏各種情緒，卻沒有意識到我這樣做也是在累積詞彙，有助於加深我對自己情緒的理解和反應。在本書中，你會發現我收藏的一些情緒散落在便條紙上。當我成為一名臨床心理師時，我自信地認為自己已經了解很多關於情緒的知識：它們是什麼、它們來自哪裡、它們在大腦裡的位置。然而，我並不知道我對情緒的感覺將被弄得支離破碎。

迷惘：過去 10 年裡，對大腦知識的增長，使我們對情緒的理解發生了重大轉變。情緒科學為我們講述了關於情緒如何在大腦和身體裡運作的新故事（我們將在第 2 章中進一步探討）。對我來說，這讓我感到困惑，因為我不得不轉變思路，將這些新知識融入其中。不過科學就是這樣——新的認識讓我們質疑自以為知道的東西。總之，考慮如何應用這些新資訊來協助人們處理情緒，是一件令人振奮的事情。

這本書講述的不是我的情緒，而是每個人的情緒。然而，情緒是獨一無二的。它們與你的背景、經歷和用詞有關。它們可能感覺很好，也可能感覺很糟糕，甚至是介於兩者之間的所有階段。它們可能出現在令人驚訝的時刻，一次出現好幾種，也可能相互衝突。它們與他人有著內在的聯繫。不過最重要的是，情緒是我們生命的核心。

這本書講述的是情緒的故事，因為沒有情緒，我們就無法講述自己的故事。它們伴隨著我們的生活，引導、轉移、愉悅或者壓抑我們。當我們回顧自己的經歷時，不僅會記住它們，還會**感受**它們。當我們展望未來時，會預測所做的決定給我們帶來怎樣的感受，而我們的情緒會影響這些決定。當我們與他人交流時，不僅看到和聽到他們的故事，我們還能感受到它們。

情緒是你故事裡的核心人物，而不是單一的情節點或者支線。它們與記憶、反應、未來規畫、行為、連結以及最終的生存息息相關。我們如何理解和應對自己的情緒至關重要，它可以影響我們一生的健康與幸福。了解自己的情緒可以引導我們做出符合自己重要需求的決定，幫助我們應對生活中

的各種壓力，並且讓我們的生活更有意義。

　　我相信你在閱讀本書時會有許多感觸，因為我們每天都會有非常多的感觸。不要忽視它們──請記下來，並且利用書中的練習來思考它們。這樣做，你就能開始注意到自己應對情緒的方式發生了轉變。隨著你持續進行，你能學會以不同的方式與它們互動，或者改變你對它們的含義，或如何從裡面學習的看法。你可以學會建立（或創造）支持你生活的情緒。你還更能應對和駕馭艱難的情緒，以及幫助感覺良好的情緒更長久地存在下去。所以，請繫好安全帶，讓我們坐上情緒故事的雲霄飛車，**你的**情緒將在其中扮演主角。

情緒雲霄飛車

與所有雲霄飛車一樣，情緒雲霄飛車 (emotional rollercoaster) 不可避免地會帶你經歷起起伏伏、兜兜轉轉的人生。這些情緒是生活裡必不可少的一部分，但並非總是美好的。沒有兩座雲霄飛車是相同的，我們每個人都有獨特的經歷、大腦和身體，這些都會影響我們所經歷的情緒和我們的反應。在閱讀本書的過程中，你會發現一些理解和應對情緒的方法——其中一些會讓你感覺更貼近自己，而另一些則不會引起你的共鳴。

下一頁的插圖就是你的情緒雲霄飛車，用來幫助你思考哪些技巧適合你。在你閱讀本書的過程中，請紀錄以下想法：

- 如何應對自己的情緒。
- 當你的雲霄飛車陷入棘手的情緒時，有什麼東西能幫你。
- 你會陷入哪些情緒循環（emotional loop-the-loops），有什麼東西能幫你找到突破口。
- 怎樣才能創造出感覺良好的情緒，比如平靜和喜悅。
- 哪些微調可能會讓你的雲霄飛車駛上新的軌道？

你會在書中發現上述的所有主題以及更多內容，所以請記下適合你的想法。這樣，你就可以創建個人旅行指南，協助你的情緒雲霄飛車一路前行。

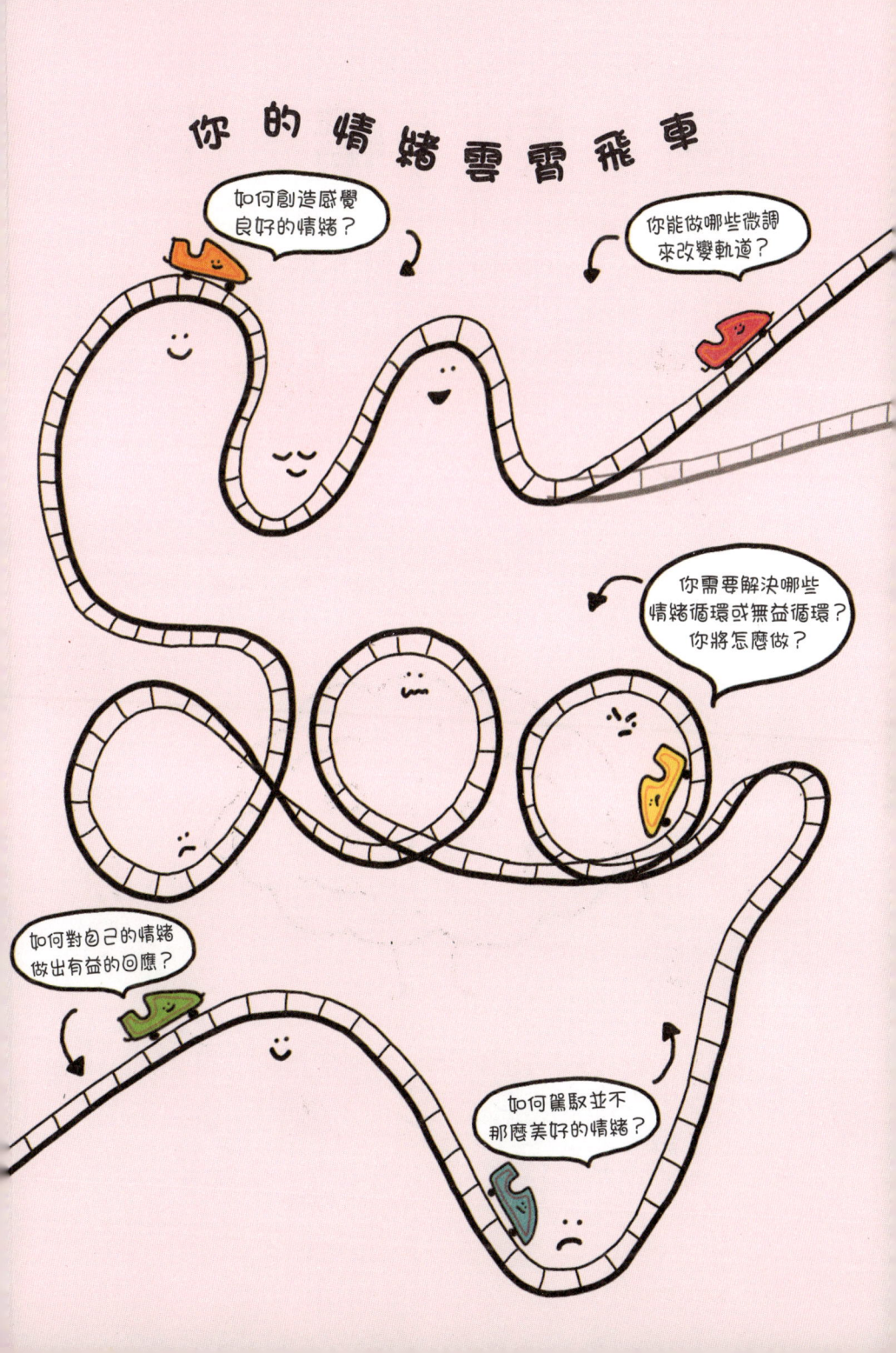

你的情緒雲霄飛車

如何創造感覺良好的情緒？

你能做哪些微調來改變軌道？

你需要解決哪些情緒循環或無益循環？你將怎麼做？

如何對自己的情緒做出有益的回應？

如何駕馭並不那麼美好的情緒？

遇見情緒

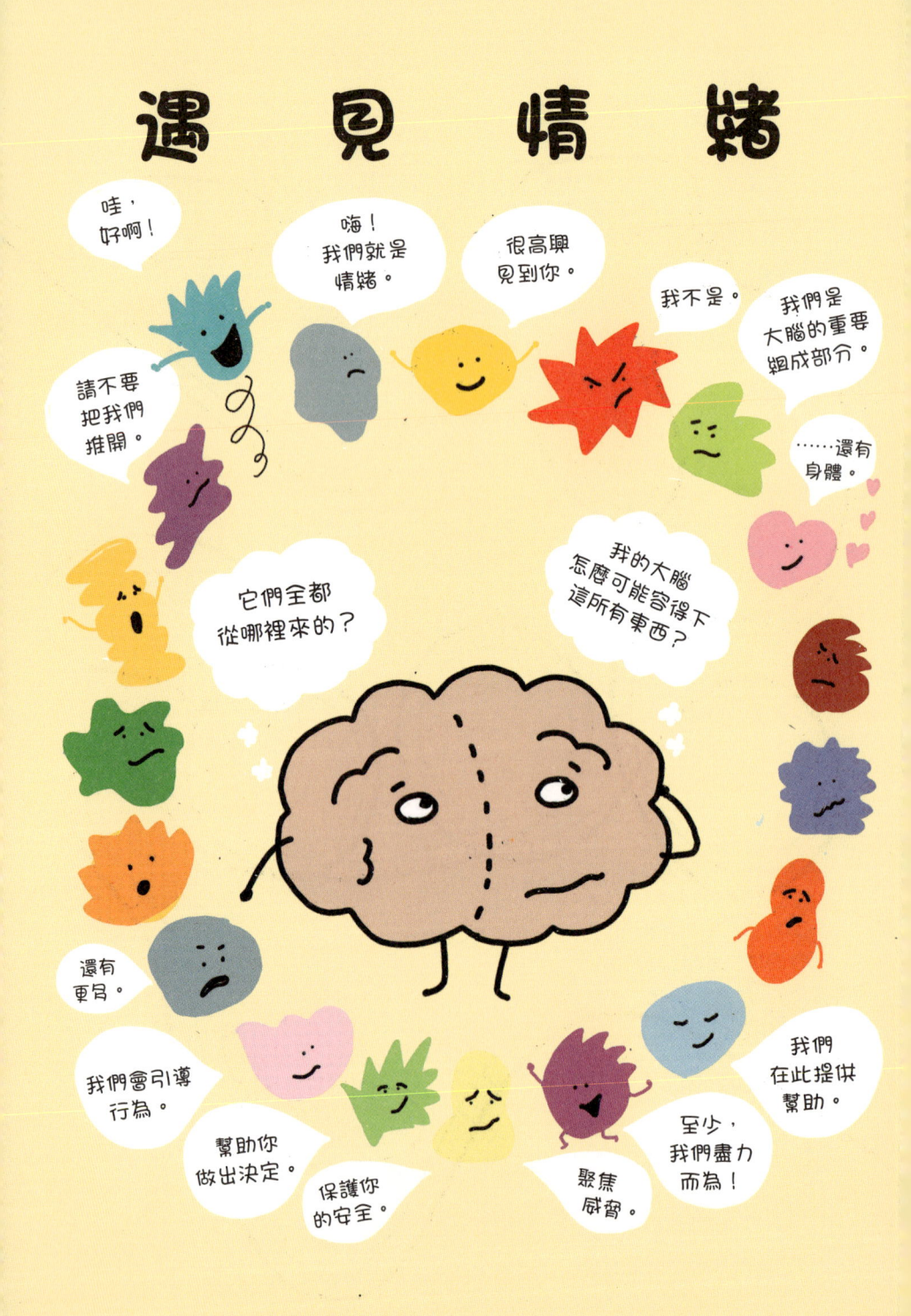

哇，好啊！

嗨！我們就是情緒。

很高興見到你。

我不是。

我們是大腦的重要組成部分。

請不要把我們推開。

……還有身體。

它們全都從哪裡來的？

我的大腦怎麼可能容得下這所有東西？

還有更多。

我們會引導行為。

幫助你做出決定。

保護你的安全。

聚焦威脅。

至少，我們盡力而為！

我們在此提供幫助。

第 1 章
認識情緒

　　我們都有過情緒 —— 雲霄飛車每天都會帶我們經歷許多情緒。但是你有沒有停下來想過，它們到底是什麼？這些對我們的生活影響如此之大的東西是什麼，為什麼我們會有情緒的起伏和循環？這些問題並不像你所想的那麼容易回答。為了幫助回答這些問題（在現有科學理解下），我們將前往想像中的國度，時空旅行到過去（短暫停留與達爾文會面），推展到未來，甚至烤一些餅乾。在旅行的過程裡，你很可能會體驗到一些情緒：也許因為我們打破了一些關於情緒的迷思使你如釋重負；也許因為我們挑戰了你有關情緒到底是什麼的信念而使你困惑；也許是因為我們烘焙了一些「情緒餅乾」（emotion cookies）使你享受；也希望有驚嘆，驚嘆於你的神奇大腦和它強大的預測能力，它總是比你快一步。當然，你可能不會感受到這些情緒，或者你可能感受到完全不同的情緒，因為正如我們將在學習本章時所發現的，情緒的可能性，和世界上餅乾的種類和口味一樣多變。

這個國度沒有壞情緒

讓我們回來……我們會讓你知道什麼是不公平！

他們很快就會想念我們的。

奇怪的決定……我明明可以幫忙處理的。

只要微笑和快樂就好！

只有良好氣氛！

一切都棒極了！

我是一位禪宗大師。

小心！有危險！

給我們救生圈啊……！我只是想要一個擁抱。

至少展示一點點憐憫給我們吧。

他們在胡言亂語……讓我們幫忙解決問題吧。

我們為什麼會有情緒？

在我嘗試定義情緒之前，讓我們先想想情緒的目的。為什麼我們會有情緒，讓我們坐上情緒雲霄飛車呢？是的，情緒有時候會讓我們感覺站在世界的頂端，在歡樂中自由馳騁，但是也會讓我們跌入黑暗的深淵，讓我們動彈不得，或者讓我們感覺失控。如果我們可以只體驗美好的情緒，擺脫那些可怕的情緒，我們的生活豈不是會更美好呢？

這個國度沒有壞情緒

為了回答這個問題，並且思考為什麼情緒是我們生活的核心，讓我們繞個小彎到一個看似烏托邦的「沒有壞情緒」世界，一個負面情緒被放逐的地方。在這裡，人們不會感受到壓力、憤怒、恐懼、沮喪、痛苦、嫉妒、內疚或者悲傷。這是一個現代化的快樂生活穹頂建築。然而，裂縫很快就開始出現了。在這個沒有悲傷的國度上，居民的決策有些奇怪。他們似乎不考慮風險，也不考慮決策對自己或者他人的影響。他們似乎不會從過去的經驗裡學習，以做出更好的決策。

事實上，居民所做的決定遠非我們所認為的理性。當威脅出現時，他們不會立即發現並且採取行動——而是成為被動的旁觀者，無聊地看著這些可能傷害甚至殺害他們的風險。當人們死亡時，沒有哀悼。當疾病侵襲時，人們不會停下來休息。他們感覺很好，所以繼續前進，讓疾病肆虐，不給身體休養的機會。

人與人之間的聯繫似乎也正在瓦解。人們不會注意到自己已經跨越了社會邊界，因此也不會道歉或者改變行為。當價值觀被踐踏時，人們不會感到憤怒，因此也不會採取任何行動。住在這裡的人不會同情其他人的故事；他們不會對困難給予擁抱，也不會懷著同理心與其他人坐在一起。因此，快樂也變得毫無意義。沒有了比較，就很難認出好的感覺。人們無法再區分創造歡樂與危險的因素；接收到的感官資訊沒有跟他們說蛇是危險的，或者是腐爛的蕃茄可能會毒害他們。他們沒有資訊可以告訴他們什麼對他們是好或壞，也沒有資訊可以指導他們如何用最佳方式度過在地球上有限的時間。

我們的情緒烏托邦慢慢變成了一個反烏托邦，因為情緒（不僅僅是感覺良好的情緒）對於人類來說是不可或缺的。它們支援我們的決策和推理；幫助我們處理感官輸入並且賦

予其意義；協助我們理解這個世界以及如何做出反應；幫忙我們溝通和產生共鳴；協助我們的大腦根據過去的經驗預測未來；幫忙我們生活和生存。不會有人假裝情緒設計得很完美或總有幫助：它們經常會妨礙我們，並且可能對我們的行動和決策造成負面的影響。但是，如果可以選擇的話，選擇擁有情緒（以及所有的情緒）遠比選擇沒有情緒好。

我們已經讓自己的情緒難受了很久！現在是時候讓它們得到應得的讚賞，想想它們幫助我們度過人生的一些方式。

情緒幫助我們理解複雜的世界。 我們每時每刻都面臨著過量的資訊，大腦需要理解這些資訊。因此，它創造了一些概念，將這些資訊分割成可管理的結構，幫助我們回答「到底發生了什麼事」和「我該怎麼辦？」情緒會讓你的大腦用所有資訊（包括你的身體資訊）建構出意義，以決定該做什麼。「那個毛茸茸的東西是什麼？是狗。好吧，我喜歡狗。不，等等，那個毛茸茸、咆哮的東西 —— 那是個危險。我感到害怕……快跑！」對於第二隻狗，你的大腦結合了外部資訊與內部資訊（身體感覺）來理解它，並且決定讓你感到恐懼，需要立即採取行動。

情緒支持決策。情緒是我們決策的核心。是的，有時候它們可能會讓我們走向錯誤的方向，但是它們也可以幫助我們以過去的知識為基礎、識別風險並且採取行動。情緒研究員安東尼奧‧達馬西奧（Antonio Damasio）說：「配置良好的情緒似乎是一個支援系統，沒有它⋯⋯理性就無法正常運作。」情緒也可以幫助識別問題。情緒也可以幫助找出問題，情緒可以表示某些事情需要改變，或者是某些事情造成壓力，讓我們需要解決問題。

情緒並不是非理性。感性與理性之間的人為爭鬥可以追溯到古希臘柏拉圖（Plato）的假設。幾個世紀以來，理性一直被視為人類與不合理情緒對抗的優越能力。這個故事有許多版本：道德與不道德；理性與非理性；本能與自我克制。在當今的心理學書籍中也有演繹，書中提到 3 個大腦層次：蜥蜴腦負責基本本能；猴子或者哺乳類動物的大腦負責情緒；我們獨特的人類新皮層（neocortex）負責理性和推理，並且控制其他部分。讓我們把話說清楚 —— 如果有人告訴你，你的大腦裡有一隻蜥蜴，請不要相信他們。這個想法背後的基本大腦解剖學是有缺陷的，因為它不是以我們大腦的演化或者運作方式為基礎。情緒和理性並不是分居在大腦的不同部

分,而是相互交織在一起。如果我們仔細想想,情緒往往是完全理性的。當有人在街上對你大喊時,你會感到威脅;當你心愛的金魚死掉時,你會感到悲傷,這兩種情緒都是非常理性的。即使是在某個特定時刻看起來完全不合邏輯的情緒,如果我們檢視它們的來源,也能找出道理。

情緒幫助我們維持安全和性命。如果沒有情緒,我們就不會在必要時感到恐懼,而且很可能會被我們之前看到的第二條狗咬傷(請參閱第 21 頁)。情緒幫助我們從大量的資訊裡發現風險,並且運用我們的經驗來預測風險,知道應該逃避什麼。情緒會讓我們的身心處於幫助我們管理風險的狀態,最終讓我們活下來。

情緒與記憶有密切的關係。回想一下你生命裡不愉快的時光:你不僅會回想起影像或者文字,你還會感受到這些記憶。我們的感受是記憶的固有部分,而這些記憶會引導我們當下的行動,根據我們上次所學到的知識,告訴我們對當前情況的預期。為了讓當前的資訊更有意義,大腦會從資料庫裡檢查與之最匹配的資訊,並且做出相應的反應。

情緒幫助我們知道應該採取什麼行動（方法是協助我們預測未來）。從上面的例子裡，我們可以看出我們的感覺有助於確定我們在所處的情境中需要做什麼。這可能是一種狀態相關的動作，例如看傷心電影時哭泣或者躲避可怕的狗。或者，你可能會因為肚子餓，需要趕緊吃東西，而覺得脾氣暴躁。情緒是一種信號，可以幫助大腦引導我們的身體反應，並且在需要時採取行動。當你忘記吃午餐，或者需要回應威脅時，這是很有用的，但是你的大腦有時候會繼續應用規則或進行預測，但已經沒有相關事物需要處理了。理解為什麼會產生這些反應，就能為我們提供攔截它們的重要工具。

情緒幫助我們管理資源。情緒產生的主要原因之一（也是我們大腦的主要目的）是幫助管理我們的「身體預算」（body budget）。我們的能量和資源是有限的，而大腦需要明智地管理這些資源。事實上，能量在歷史上一直與情緒有關；情緒（emotion）一詞來自「mot」（拉丁文中「動作」之意），17 世紀開始在英國使用，當時是用來形容身體的動作。這個字在 18 世紀演變成描述與心理感受相關的身體動作或者變化（更多資訊請參閱第 188 頁的「延伸閱讀」）。情緒（例如緊張）會指導你的大腦，告訴你的身體需要做什麼

來幫助你。你的身體是否需要傳送更多的能量到你的大腦，讓它提高警覺，因為接近的人是你的經理，或者你可以節省能量並且放輕鬆，因為他實際上是你的朋友？你在任何時候的感覺都可以幫助你和大腦決定何時需要消耗能量，何時可以節省能量。大腦不斷地在背景裡努力管理能量的存入和取出，以維持健康的平衡。

情緒幫助我們與他人建立聯繫。情緒提供了一種文化上共通的語言，幫助我們傳達意義、與他人聯繫，並且讓他人了解應該如何回應。我們的大腦也在不斷地感知他人的感受，並且將自己的感受反應出來，這樣大腦就能知道應該採取什麼行動。一則令人難過的新聞會促使你捐款；擁抱一下不高興的孩子，可以幫助他們和你的神經系統平靜下來。情緒將我們連結在一起，將大腦和身體相互連結，讓我們能夠支持他人並且幫助他們茁壯成長。

嘿！
別叫我們「基本情緒」！
好吧，
現在我覺得很難過。
我們還有
很多事情要做！
我害怕他們
不喜歡我們。
嘔……
我覺得
很噁心。
我哪知？
我只是一隻蜥蜴。
他在我腦子裡
做什麼？

別叫我們「基本情緒」

在歷史的不同階段，情緒可能理所當然地對自己所受到的待遇感到有點不滿。它們被描述為非理性的反應，或令人不安的慾望和激情。它們甚至被完全忽視，因為「情緒」（emotion）一詞直到 19 世紀初，用法才跟現今使用方式一樣。當時蘇格蘭道德哲學教授湯瑪士・布朗（Thomas Brown）提出我們應該將情緒作為一個科學類別來研究。當然，在那之前我們並非沒有情緒，只是我們沒有這樣描述它們。得到一個名字（終於啊）並不是事情的結束。從那時候開始，人們一直在努力定義情緒。它們一直被誤解，被描述為可恥或者不應該體驗的負面事物。人們說情緒只存在於心中，它們被視為不需要或者不必要的。雖然這也許還不是對情緒最嚴重的侮辱，但是它們還被稱為「基本情緒」。

情緒真的是基本的嗎？

我在大學學習到基本情緒（basic emotion）或普遍情緒（universal emotion）的觀念，並且毫無懷疑地接受了這個觀念。一個簡化的版本如下所述：我們的大腦有一組共通的

情緒,不論我們是誰,身在何處,生活在哪種文化裡,我們都有這種情緒。每種情緒在我們的大腦和身體裡都有明顯的生理反應,我們可以透過相關的跡象來發現特定的情緒,無論是大腦模式、臉部表情、身體跡象或行為。基本上,每種基本情緒都有一個大腦和身體反應的藍圖,而這些藍圖是由我們生活中發生的任何事情所觸發的。它們是普遍存在的,因為我們每個人都有。

這個想法起源於演化論奇才查爾斯・達爾文(Charles Darwin)的理論。他在演化論的背景下考慮了情緒——情緒是如何為我們服務的?嗯,有很多方法:愛使我們聯繫、生產和保護我們的幼兒,最終協助我們生存。憤怒協助我們保護自己的領土、保護我們所愛的人,並且(再次)協助我們生存。達爾文在西元 1872 年出版的《人類與動物的情緒表現》(*The Expression of the Emotions in Man and Animal*)一書,似乎證實了當時廣泛流傳的觀點:我們有許多的基本情緒,每種情緒都與特定的觸發因素和大腦結構有關,並且導致特定的行為。到了 1977 年,卡爾・薩根(Carl Sagan)將「三重腦」(Triune Brain)理論介紹給大眾〔該理論最初由美國腦神經科學家保羅・麥克萊恩(Paul D. MacLean)於 1969 年提出〕,這個演化論的大腦模型指出,人腦被分成蜥蜴腦

（lizard），情緒腦（emotional）和理性腦（rational）（請參閱第 22 頁）。這強化了我們原有的下述古老觀念，也就是我們的大腦擁有特定的情緒區域，而這些情緒區域與更複雜的理性區域相互角力。

這種普遍和基本情緒的觀念一直強烈地瀰漫在我們的情緒心理和文化，直到 20 世紀 90 年代及之後仍然如此。研究似乎也證明了這一點：美國心理學家保羅・艾克曼（Paul Ekman）的研究是向世界各地的人們展示了臉部表情的圖片，而人們將圖片對應到情緒詞彙的方式很穩定。雖然普遍情緒的數量一直備受爭議（不同理論認為有從 4 種到 27 種都有，甚至更多），但是似乎有一個普遍的共識：我們已經確定情緒如何運作。每種情緒都有一個可預測的生理和大腦模式來定義和區分。大家至今仍普遍持有這個觀點。當今，許多大學圖書館裡的教科書都支持這種理論。你也會發現這種觀念影響著流行文化的方方面面。你有沒有看過兒童電影《腦筋急轉彎》？它將情緒影響我們生活的方式描述得很好。但仔細觀賞，你會發現影片中的角色都是以基本情緒為基礎，並且以不同的類別存在於我們的大腦裡。雖然有些情緒模式很常見，但是沒有證據顯示它們源自大腦的特定區域，也不可能有任何情緒像理論所說的那麼一目了然和簡單。

情緒建構論

事實證明，一般來說你很難定義情緒。如果你問幾個人情緒是什麼，你會得到各式各樣的看法。這個問題也許並不像乍看之下那麼簡單，因為普遍認同的答案並不存在。如何確切地定義什麼是情緒，是一個巨大的爭論話題。事實上，目前的研究已經發現了 92 種不同的定義。所以，情緒可能不該被稱為「基本」。為了找出原因，我們需要看看一些最新的研究。一切都從失敗開始。

當麗莎・費爾德曼・巴瑞特博士（Lisa Feldman-Barrett）最初的心理實驗顯示為失敗時，我想她一定很沮喪。為什麼她的參與者無法清楚區分焦慮和憂鬱這兩種不同的情緒？為什麼她無法發現和區分不同情緒的明確生理反應？她的研究觀察了數千件情緒事件中的大腦活動、臉部表情和身體活動，卻沒有發現特定情緒類別有相關的一致模式。她的研究也質疑了是否有可能找出跨文化的統一情緒名稱。她的研究對情緒的本質提出了質疑。情緒並不是對周遭事物的簡單反應，而是我們的大腦主動建構出來，協助我們了解自己所生活的世界。這就是我們的新理解——「情緒建構論」（the theory of 'constructed emotions'）。

大腦研究在過去數十年間有了顯著的進展——它驅逐了我們腦中的「蜥蜴」，並且顯示出沒有一種情緒有標準模式。一個人如何體驗一種情緒，很可能在描述、主觀經驗以及大腦和身體活動上，與其他人有顯著的不同。儘管我們的大腦看起來可能都很相似，但是其中的連結就像人一樣無限多變，這表示它們的運作方式和我們體驗情緒的方式都會因人而異。

　　我們現在知道，大腦是建立情緒的積極參與者，它會利用對資訊的理解來創造意義。大腦使用過去對世界的知識來創造情緒，將我們的內部資訊（身體感覺）與外部資訊（情境）結合，賦予它們意義並且引導我們的行動。花點時間了解大腦如何建構情緒，對於我們如何了解自己——以及這對於人類的意義——有著至關重要的影響。這也讓你有更多的權力來影響你日常中的感受：比起在情緒雲霄飛車上感到驚訝和恐懼，我想教你如何發現情緒的轉折，讓你即便碰上我們都會面對的、真正具挑戰性的情緒時，也有能力駕馭。

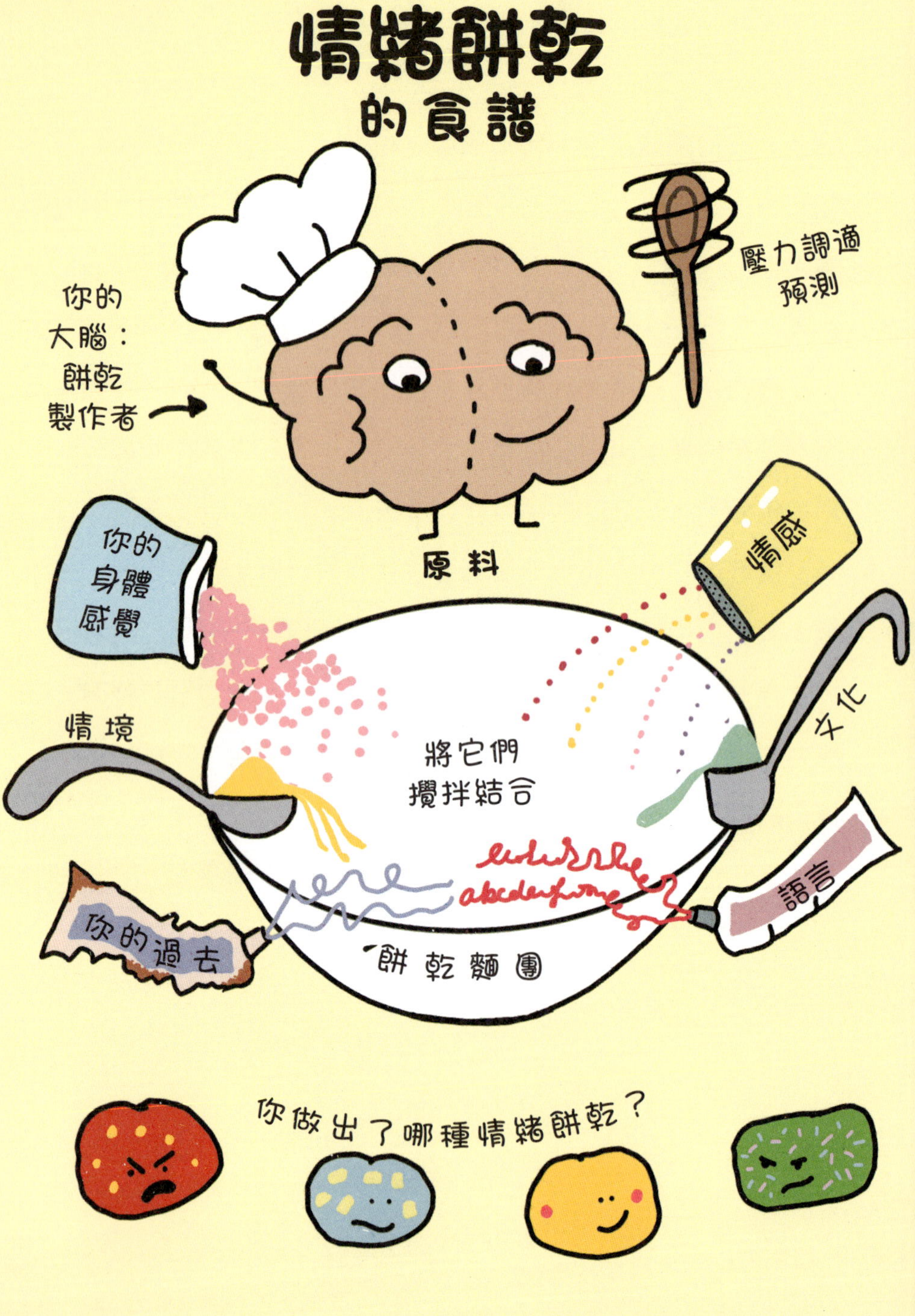

情緒餅乾
的食譜
你的
大腦：
餅乾
製作者
壓力調適
預測
原料
你的
身體
感覺
情感
情境
文化
將它們
攪拌結合
語言
你的過去
abcdefghijk
餅乾麵團
你做出了哪種情緒餅乾？

情緒的食譜

當今神經科學顯示我們製作了自己的情緒，但現在我們要「烘烤」它們！烘烤「情緒餅乾」是麗莎·費爾德曼·巴瑞特博士所用的一個比喻，我認為這個比喻很棒地捕捉到為什麼我們的情緒會因人、因地、因時而有如此大的差異。對我來說，將我們的情緒視為餅乾，會讓它們變得更友善、更容易處理。有時候它們的味道可能很好，有時候可能不太好，但是最終它們還是在那裡支持著我們。烘焙過程中可能會出錯，不過我們可以從中學習，並且在下次調整原料，讓它們有點不同。

儘管餅乾中的原料看起來相當有規範，但是它們對所有人來說都不一樣。在現實生活中，這些原料的樣子千差萬別，也就是說，我們的麵團都不盡相同，最後吃到的餅乾也不會一樣。調整任一原料（例如你可能覺得更累），烤出來的東西就會不同，結果也會不同。可能性和結果是無限的，因為原料是無限變化的 —— 無論是我們的大腦、經驗或身體都是如此。所以，讓我們開始烘焙一些情緒餅乾吧！

餅乾製作者

在觀察我們的原料之前，讓我們先來看看餅乾製作者——你的大腦。它會結合所有原料以創造情緒的最終結果。它是主廚，在廚房裡工作，理順所有進來的東西，並且找出它需要做的回應。因此，我們需要了解大腦所執行的一些功能，這些功能對於混合餅乾麵團非常重要。

壓力調適預測：為了維持人體的能量預算（我們在第 24 頁中已經介紹過），大腦需要在能量需求發生之前就預測到能量需求，如此才能有效地作出反應——這個過程稱為「壓力調適」（allostasis）。大腦會預測你何時需要能量來躲避可怕的東西、何時需要休息以及何時需要補充能量（請給我一杯雙倍特濃拿鐵）。預測是壓力調適的核心，因為預測能讓你的大腦將資源用在必要的地方，並且讓你的身體準備好對即將發生的事情做出適當的反應。不過，為了做出這些預測，你的大腦需要第一項原料……

情緒餅乾的原料

原料 1：你的過去

我們這個關注未來的神奇器官是如何做出預測的呢？嗯，

它是根據已知的事情——過去——來猜測即將發生的事情。你的過去已經幫你的大腦網路建立線路，以了解你的世界。你的大腦會將輸入的資訊及其知識庫中最相似、最顯著的現有資訊相匹配，這會告訴大腦它需要如何反應。你坐在戶外曬太陽，喝冰沙放鬆時，眼睛瞥見有東西飛過；你的大腦檢查資料庫，最有可能的猜測是惡毒的黃蜂，而你的飲料最有可能是牠的目標。你的大腦準備讓身體採取行動，拍打黃蜂或者移動飲料。你再看一眼，看到一抹紅光，大腦就會將黃蜂重新分類為溫和的瓢蟲，告訴身體去享受這個經驗。這個過程也有助於情緒分類，因為大腦會將你在該情境中經歷的事情與記憶庫中最接近的情境相匹配，以協助界定你正在經歷的情緒。

原料 2：你的身體

你的身體不斷地執行各種功能，以維持你的生命。你可以察覺到其中一部分（你咕嚕咕嚕的肚子或者看到黃蜂時的心跳加速），但是有許多部分你不會察覺到（你的免疫反應不斷警覺以對抗入侵你身體的入侵者，或者你的神經元連結在一起在你的大腦中建立連結）。每一天，你複雜的身體系統都在超時工作，為你提供支援——而你的大腦則是控制室

的主人,負責維持工廠的運作,並且根據收到的回饋定期做出微調。你不會察覺到這所有的東西,但是當它發生時,你的大腦會利用外部世界的情境來理解這些身體感覺。在我們的例子裡,當你看到黃蜂時,大腦會透過觀察外部和內部資訊的組合來理解所發生的事情,將之視為恐懼。然而,同樣的身體感覺在不同的情境下,例如在音樂會的人群中,可能會被認為是興奮(除非你討厭人群,在這種情況下,你可能會理解為恐懼)。我們的身體感覺可以幫我們了解在特定情況下發生了什麼事,也是我們情緒的關鍵因素。

原料 3:心情(或情感)

我們的心情〔或科學上稱為「情感」(affect)〕是我們對自己感覺的整體判斷 —— 我們每天的「噁～」、「喔～」和「耶!」都是我們情緒組合的重要部分。饑餓、口渴、生病、體溫、大腦化學物質、荷爾蒙、器官功能、我們和誰在一起、我們消耗了多少能量、我們有多疲倦 —— 這些身體過程(以及更多其他部分)都會影響我們在任何特定時刻的感覺。歸根究柢,心情是大腦總結體內發生所有事情的靈巧方式。麗莎・費爾德曼・巴瑞特博士將情感形容為「你身體狀況的晴雨表……情感暗示你的身體預算是平衡還是赤字」。

對我來說，情感證明了為什麼將身心分開來看毫無道理，因為它們本質上是一起運作的。所有的生理過程都是由我們的情緒來總結的──這是一個總體指標，顯示你感覺的好壞。情緒是我們每個人都會經歷的普遍感受基石，並且從兩個層面變化：活躍程度（arousal，指高能量或低能量）和價值（valence，指愉快或不愉快）。

原料 4：你的情境

我們已經多次提到這個原料，但是有時候它因為太過理所當然而被遺漏。你的情境是定期出現在你身上的外部資訊，這些資訊會影響你的預測和身體預算。你是否每天都在面臨威脅，而你的大腦必須藉由讓你的身體振作起來以回應這些威脅？你是否感到安全，讓你的身體預算得以保存和補充？你周圍的人是否能調節你的神經系統，幫你的身體保持平衡，還是讓你的身體失去平衡？你的日常情境對於大腦決定你感受情緒的最佳分類方式也至關重要。正如我們所見，相同的身體感覺在不同的情境下可能會有不同的定義──例如，在音樂會上興奮或在考試前緊張。

原料 5：你的文化

　　我們的情緒是利用大腦裡的知識結構來建構的，而這些結構和概念，與我們的文化背景有著內在的聯繫。我們甚至可以說，情緒就是文化。我們如何回應悲傷、我們覺得悲傷應該是什麼樣子（如果我們覺察到悲傷的話）、甚至是我們如何看待情緒，這些都與我們所處的文化有關。事實上，在某些文化中甚至沒有「情緒」這個詞彙。因此，我們感覺到的事物、我們感覺的方式，以及我們回應它的方式，都與我們文化中的概念息息相關。我們的信念也有助於創造我們的情緒，因為它們會影響我們大腦的預測，以及我們的身體在不同情況下的反應——例如，我們認為哀傷時應該做什麼事，會影響我們的身體和大腦在這種情況下會做什麼。我們會尖叫還是默默哭泣？我們創造並且分享我們對這些概念的集體理解，而且透過語言將這些概念分類，這正好帶出我們的最後一個原料……

原料 6：你的語言

　　語言是我們用來標示、分類和理解世界的工具。快樂、焦慮、沮喪、憤怒都是我們的語言標示，用來分類、理解情緒以及與他人溝通。我們用來描述感受的詞彙可以協助我們

理解這些感受，並決定如何處理。它們為我們複雜的感官、外部和內部輸入提供了結構和意義。對於情緒，我們可能會假設一個標示（例如：憤怒）等於一樣東西。然而，標示傾向於將一系列類似的事物歸類到一個概念之下，這對於情緒語言也是一樣的。狗可能是指鬥牛犬（pit bull）、可卡貴賓犬（cockapoo）或大丹狗（great dane）。情緒概念也同樣如此。憤怒是一個廣泛的類別，可能是指因為嚴重的司法不公而勃然大怒，也可能是指在會議中有人輕視你而感到被貶低。對於這些事件，你的感覺可能會從流淚、臉紅到大叫，不一而足。每個情緒類別都是根據變化來定義的，包括一系列可能的經驗、感受、身體反應和行為，這些會因人和情況而異。

無限的食譜

當我們將情緒餅乾從烤箱中拿出來時，不同人、甚至同一人在不同時間出爐的最終結果都會有所不同，因為可能的原料和餅乾麵團太多種了。情緒是我們大腦嘗試了解自身感受，透過分類複雜的內在和外在資料並賦予概念，最終協助我們生存和成長。製作這些情緒的原料可能有些很常見，但最終結果會有無限的變化。

你的
大腦永遠在預測

接下來會發生什麼事？

我需要立刻行動。

以保障我的人類尊嚴。

危險
能量需求

大腦，我OK了，可以為任何行動傾注力氣。

我預測晚餐。

40　認識情緒

我預測有暴動！

　　情緒並不是反應；情緒是身體感知在特定情境下的意義建構。這是否表示我們要為自己的情緒負責？絕對不是。我們大腦的理解，甚至是身體反應本身，都是基於過去的經驗而產生的，我們無從改變過去，當然也無法改變當下的感覺。但是，如果我們開始將自己視為情緒的設計者，而不是將情緒視為無法控制的反應，我們就可以協助大腦學會以不同的方式來預測和反應。我們可以展望未來，思考我們希望我們的情緒雲霄飛車駛向何處，引導大腦，並且了解為什麼儘管我們盡了最大的努力，它有時候還是會陷入低潮。了解大腦為什麼會這樣做，也能讓我們更好地容忍所經歷的不可避免的情緒。因此，讓我們來進一步了解你的大腦和它所存在的身體。

你大腦的超能力

　　英國神經科學家卡爾・約翰・弗里斯頓（Karl John Friston）將大腦形容為「一個預測的器官，駕駛著脆弱的身體穿越不確定的世界」。事實上，預測可以說是你大腦的超

能力,因為它每分每秒都在預測接下來會發生什麼事,讓你的身體準備好回應。這些預測是壓力調適反應的核心(請參閱第 34 頁),因為它們能讓大腦在它認為合適的情況下,將資源用在它預測即將發生的事情上。大腦總是比你快一步——即使現在閱讀這篇文章,它也在預測下一杯咖啡。好啦,我想結束上一句話的用字其實是「下一個字」,因為那是你的大腦最有可能預測到的結果(除非你急著需要咖啡因)。也許閱讀到那句時,你的大腦很快就必須調整來意識到它預測錯誤時,也同時使你有一刻感到小小的訝異?有另一個預測經驗更強大,就是當你走在壞掉的電扶梯上,你會感覺它還在動,因為你的大腦預測它會動。事實上,我們所經歷到的世界,大部分都是基於我們大腦的預測。

　　這些預測是大腦根據你在生活中所建立的知識基礎,對下一秒將發生事情所做的最佳快速猜測,這可以讓我們領先現實一步。如果我們的大腦要對每種情況進行徹底的事實分析後,才決定如何反應,那我們人類這個種族就無法生存下去,對危險的反應會太遲鈍。如果預測跟你的大腦說,它需要更多能量,你的大腦就會開始啟動你的身體,讓它能夠及時採取行動。這種身體反應會影響我們的感覺。當然,並不是所有的身體感覺都能被理解為情緒——例如,我們體驗到

的一些身體感覺會告訴我們餓了。如果你對低血糖很敏感，你也可能會經歷到這種情緒，例如覺得脾氣暴躁或者「饑憤」（按：hangry，也就是「hangry」反「angry」兩字的結合）。當我們預期要進食時，大腦的預測能力就會發揮作用，在食物還沒來得及分解，並且透過身體釋放能量之前，我們的饑餓感就已經飽足了。如果你有饑憤的經驗，那麼你可能會想，為什麼你一咬下食物就會感覺好一點呢？因為你的大腦已經預測到你現在應該感覺好多了，並且立即調整你的身體反應。

　　然而，有時候我們的大腦所發出的預測並不是那麼有用。舉例來說，當我辛苦工作了一整天，正準備睡覺時，大腦似乎把我喚醒了，我不再感到疲倦。要了解這種反應，我們需要深入了解我的過去。我從來不擅長入睡，很多因素都會造成這個現象──我的生理結構讓我成為一個夜貓子，會工作到凌晨兩點，然後再醒來。然而，這並不適合上學或者工作，所以在我的一生中，我不得不嘗試提早入睡。在我十幾歲和二十幾歲的時候，我花了很多時間躺著睡不著，這並不是最愉快的經驗。因此，當我的大腦想到要上床睡覺時，它不但不會讓我放鬆，反而會讓我的身體振奮起來，以應付預測的入睡困難。謝囉，大腦──這對我一點幫助都沒有。多年來，

我已經教導我的大腦不要再預測睡前會有困難，方法是創造一個輕鬆愉快的睡前日程，取代大腦的原有預測。

我預測未來

如果你過去的老闆不好，不管你的下一任老闆有多好，你的大腦都會持續發出預測，跟你說見老闆時需要準備應付威脅。糾正這些預測需要時間，這樣你才會開始期待與關心你的老闆見面。如果你已經經歷了長期的壓力，你的大腦會發出預測，告訴你需要保持高度警覺，準備好應對下一個即將發生的壓力。當壓力時期過去後，你的大腦可能需要一段時間才能糾正這種預測，因此當不再需要這種反應時，大腦仍會讓你保持高度警覺（說到底，高估威脅而非低估威脅會保護我們的安全）。這也部分解釋了為什麼我們的情緒並不總是與當前情境中發生的事情有客觀關聯——大腦甚至在事件發生後仍會繼續發出預測，而當這些預測不再符合我們當前的情境時，這些預測就會變得毫無用處。

我們可能會想，為什麼某些東西會讓某人感到焦慮，而另一人卻感到安全和有保障？為什麼某人覺得可愛的老鼠會讓另一個人覺得恐怖？嗯，不同的大腦會對目前的資訊做出不同的預測，這取決於它們所擁有的知識結構。這些不同的

預測會讓我們的身體做出不同的反應,進而影響我們的感覺。正如我們在情緒餅乾(請參閱第 32 頁)所看到的,預測並不是故事的全部(在下一章中,我們將探討影響我們身心的其他因素)。然而,我們的大腦所做的預測,以及它為什麼會做這些預測,都是我們情緒雲霄飛車的重要部分,並不斷推動我們的情緒雲霄飛車前進。當你可能以為自己在享受旅程的當下,你的大腦卻總是領先一步,預測轉角處將會發生什麼事,以及如何善用你的身體預算來幫你生存。

我比他
更可怕。
嚇唬他們
的時候
到了。
百變情緒盒
每種口味
各不相同
你在
我家讓我
好羞愧。
可怕的超大
蜘蛛。
好……
噁……
爛。
我喜歡
與大自然
相處。
唉喲……
必須離開這裡……
快跑！
他竟敢
踏進我家
一步。
我好興奮
一蜘蛛
耶！
我喜歡
小蜘蛛。
太太太太
可愛了！

第 2 章
為什麼我們的反應各不相同

　　你可能希望你的情緒雲霄飛車會帶你一帆風順地走完一生，很少有起伏。雖然有這可能，但是可能性極低。我們每個人的生活都會遇到不同的事情，而我們都必須在這個難以預測的世界裡穿梭。更有可能發生的，是你的情緒雲霄飛車會經歷起伏、循環，甚至可能進入黑暗的隧道，而你必須在隧道裡穿梭。我們每個人的情緒雲霄飛車會有不同的外觀、彎道和路徑。我們都有不同的心靈、身體和經驗，這表示我們的大腦如何預測、理解和回應生活會有所不同。本章將探討如何了解造成你獨特情緒旅程的一些因素，並開始探討當路上遇到生活中突然衝入又無法迴避的挑戰時，我們能如何協助引導它們。

你的身體預算

存款 / 提款

存款：水分補充、健康飲食、睡眠、運動、連結、辨識情緒、學習、晒太陽

提款：睡眠不佳、長期壓力、疾病、社會孤立、精神創傷、壓抑情緒、飲食不良、濫用物質

休息、精力充沛、在平穩的支點上、透支、嚴重透支

我不是電池，請不要耗盡我的電力。

目前你的身體預算在哪裡？
哪些因素造成了這種情況？
你需要存款嗎？
還有什麼能為你創造存款？

百變情緒盒

　　如果我們把 20 個人放在一個有蜘蛛的房間裡，他們的身體反應、大腦反應以及情緒經驗都會有所不同。即使 2 個人描述類似的情緒，例如感到害怕，他們的身體和大腦反應也可能大不相同。當我的孩子看到蜘蛛，而我告訴他們「沒有什麼好害怕的」時，我的說法與事實不符。**我的大腦**可能沒有創造出被理解為恐懼的身體感覺，但是如果**他們的大腦**有不同的預測，創造出他們理解為恐懼的身體反應，那就是完全真實且有效的。所以，我的回應輕視了他們所經歷過的情緒。對不起，孩子們！

　　我們可能會認為我們應該能夠觀察物件或事件，並且判斷出客觀的反應。舉例來說，應對小偷的正確方式應該是恐懼，而蝴蝶則會引起驚奇。然而，事情並沒有那麼簡單，人們在特定情況下應該有某種感覺的迷思，可能會造成情緒和心理健康的成見。我們都聽過各種不同的說法：「你應該開心，看看你有多幸運。」「他有什麼好傷心的？」或者是我自己的「沒什麼好害怕的。」我們將這些格言套用在自己和他人身上，讓我們認為自己的感覺在某方面是「錯的」（這

可能會導致更大的負面情緒，我們會在第 3 章看到）。然而，在這樣做的同時，我們卻沒有意識到每個人的背景和經驗都是獨一無二的。你無法說某人應該或者將會有什麼樣的感覺，所以讓我們避免再用這一點來打擊自己或其他人。

根據現今很普遍的美麗大腦掃描照片，你可能會認為我們都有相似的大腦，以相同的方式運作。的確，如果我們看其內部，通常（但是不一定）有類似的結構，而且我們可以預測（在某種程度上）某些區域的損傷會影響特定的功能。但是結構只是其中的一部分，當我們開始思考連結的時候，情況就會變得更有趣。我們的大腦裡大約有 850 億個神經元，這些神經元在化學物質──也就是神經傳遞物質（neurotransmitter）和神經調節物質（neuromodulator）──的協助下，透過電脈衝（electrical impulses）彼此連結。並不是所有的神經元都會連結，但會連結的神經元會創造出令人匪夷所思的連結數量──大約 500 兆個。複雜的神經網路將我們的大腦區域連結起來（也連結到我們的身體）。每個神經元都有一定範圍的用途，不同的神經元群組也可以有相同用途〔這個過程稱為「退化」（degeneracy）〕，這表示可能的連結模式是巨大、靈活且可變的。儘管我們所有的大腦都以相同的一般方式運作，但

是每個大腦都會根據周遭環境「調整和修剪」。這表示你的連結是屬於你自己的,而且只屬於你自己。

　　想想看,整個世界上沒有人擁有和你一樣的大腦,也沒有兩個大腦的運作方式完全相同,這真是令人難以置信。我們複雜的大腦會適應它所存在的環境,並且為自己接線。在你成長、學習和生活的過程裡,你的大腦會編碼和創造模式來解釋你所接收到的資訊,並且以此來理解和預測未來的資訊。你的 850 億個神經元、其支撐結構和化學物質,其運作方式不可能與其他人的完全相同。這就是為什麼將你在任何特定情況下的反應與其他人做比較是沒有意義的;你們並不相同,你們的心智以不同的方式運作。當然,人類的經驗是有共通點的,而且(特別是在文化中)傾向以特定的方式對情況做出反應。這種對我們經驗的集體理解可以幫助驗證我們在個人層面上的感受。然而,在一系列變數裡,每個人的反應都是獨一無二的。尋求共通點,而非貶低差異,會對我們更有利。

　　當然,你的大腦和身體不是分開的,它們永遠在對話──大腦是你身體的一部分,而大腦和身體協助創造了你的心靈。我們已經知道大腦的目的是要讓身體的感覺變得有意義,其中有些感覺會產生情緒。你的身體所發生的事情是創造情緒

的一部分，並且導致你身體預算的結算──情感。就像心靈一樣，每個人的身體功能都略有不同，會產生不同的資訊和情感供大腦詮釋。這些差異會橫跨許多身體機制：血糖水平的控制、心臟跳動的速度、免疫系統的功能、疼痛的經驗、肌肉的反應、腸道的情況等等。我們個人的身體機能以及影響機能的因素差異極大，因此造成我們感覺的資訊非常多，而且會因人而異，同一個人在不同的日子也會有不同的感覺，這並不令人感到意外。

我們最近的經歷也會影響身體的狀況──例如昨晚睡得如何、壓力有多大、是否運動過、吃了什麼等等。你的大腦不斷試圖讓身體預算保持平衡──我們可以將這想成提款和存款。你的身體預算一整天都在波動，你可以透過存款（例如休息和睡眠）讓它恢復正向平衡。然而，過多的提款，例如由於壓力或者大腦長時間錯誤預測你的身體能量需求時，會讓你的預算嚴重透支並陷入赤字。所有這些都會影響你的感覺和情感。這就是為什麼照顧身體是照顧情緒的重要部分。

情感或心情被認為是人類經驗的一個共通點──來自身體感覺是否良好的普遍感覺。儘管情感的經驗是集體的，我們對於感覺的內省和體仍各有不同。有些人對自己的身體非常敏銳，會注意到細微的變化；有些人則不太清楚。我們的

注意力有時候可能會因為經驗而更傾向於注意身體感覺或情感（如果你曾經有過健康恐慌，你會發現你突然間更容易注意到身體的感覺）。我們的情感也可能是多變的——有些人的心情會大起大落，而有些人則看起來風平浪靜。當然，讓我們感受到不同情感的因素也千差萬別。有些人對周遭發生的事情非常敏感，會受到他人情緒的影響，有些人則比較自我。

只要我們接受情緒的變化是正常的現象，就可以開始了解並且注意到造成我們一生中經歷各種情緒的成分。了解這些東西，可以協助我們利用這些構成因素，以不同的方式回應我們的需求，並且在我們的情緒雲霄飛車上建立不同的情緒。

> 練習 1

注意你的身體預算

　　請使用第 48 頁的插圖和問題來幫你找出目前的身體預算。你是否因為剛放鬆心情回來而經精力充沛？或者因為你正處於高度壓力之中而閃爍警告紅燈？嘗試使用心理上的身體掃描，也就是在腦海中從頭到腳檢查你的身體，看看發生了什麼事。每天問自己幾次感覺如何，這樣你就可以開始聆聽身體告訴你的訊息。想想你的感覺，以及你會如何結算你的身體預算。

> 練習 2

管理你的身體預算

　　我們不斷從身體預算提款或存款進去，這些對於情感和情緒都很重要。有時候，我們無法注意到什麼時候需要存款，或者是忽略了存款的重要性。有時候，我們會做一些暫時性的存款，例如咖啡因或酒精，這些東西可以讓我們的身體短暫充電，但是卻掩蓋了潛在的資源耗損。使用此處的核對表和第 48 頁的插圖，考慮目前在你的生活裡有哪些提款行為，以及需要時要如何存款。許多能存款的事情看起來很基本，不過也因為如此，我們會忽略它們，它們不只影響我們的身體，也透過我們的感覺影響我們的情緒。

存款：

- [ ] 睡眠
- [ ] 休息
- [ ] 健康飲食
- [ ] 水分補充
- [ ] 運動/活動
- [ ] 積極的連結
- [ ] 辨識情緒
- [ ] 自然光
- [ ] 學習
- [ ] 身處自然
- [ ] 樂趣和笑聲
- [ ] 身體舒適
- [ ] 擁抱
- [ ] 有創意

提款：

- [ ] 長期壓力
- [ ] 睡眠不佳
- [ ] 飲食不良
- [ ] 疾病
- [ ] 疼痛
- [ ] 社會孤立
- [ ] 缺乏運動/活動
- [ ] 壓抑情緒
- [ ] 濫用物質
- [ ] 過度使用手機/科技產品
- [ ] 缺乏休息
- [ ] 精神創傷
- [ ] 工作過勞

找出壓力的警示旗

這就是我們的樣子。

是的,我是壓力!我不全是壞的。

關於幫助方式的一些想法:
・解決問題
・談清楚
・削減壓力源
・改變目標或期望
　・尋求支援
　・抽出時間
　・專注於下一個小步驟
・花時間思考
・休息＋提振精神

1. 在警示旗中寫下你的壓力源

2. 想一想做什麼會有幫助。

但是過多的「我」會讓你偏離正軌。

56　為什麼我們的反應各不相同

我們周遭的世界

我們都在情緒雲霄飛車上遨遊一個難以預測的世界。人類喜歡可預測性，我們的大腦被設計成在資訊裡尋找意義和模式。可預測性更高有助於節省我們的資源，協助我們生存。然而，無論我們如何井井有條（基本上就是我們預測我們的日常世界），不確定性還是會找上我們。這會影響我們的大腦和身體預算——我們的大腦需要處理難以預測的情況。如果我們的大腦接收到的資料與它的預測不符，它就需要重新組織、嘗試了解並且修正預測。對於接下來會發生什麼事的不確定性，表示我們的大腦很可能會預測自己需要振作起來，以回應任何情況發生，而這就會消耗能量。回應不確定性需要大量的認知資源，這也需要大量的新陳代謝，並且會耗損身體預算。如果這種情況持續太久，我們就會耗盡體力，身體預算透支，導致倦怠和各種健康問題。

在 Covid-19 大流行期間，這一點前所未有的明顯。多年來的不確定性（包括健康與經濟方面）、不斷轉變以適應新的規則，以及必須了解我們從未聽過的概念，都影響我們的身體預算。難怪這麼多人感到倦怠或精疲力竭。

無法預測的威脅會以不同的形式出現，好比說恃強凌弱的老闆、損害他人的家人、對來往車流毫無危險感的小孩、沒有考慮到輪椅使用者設計的人行道，這些都需要你的大腦提高警覺。任何讓你感到不安全的情況（例如霸凌、種族歧視、歧視或騷擾）都代表你的大腦預測到威脅，需要加強警覺，對你的身體預算提出要求。我們也知道，如果你是在不安全的環境裡長大，你的大腦就會依據這種情境來設計自己，創造出主要在保護你免於傷害的模式，不過隨著你年齡的增長，這些模式可能並不總是有用。

　　到目前為止，我已經談過可以被描述為負面「壓力源」的事情──這是情緒雲霄飛車和生活裡不可避免的一部分。然而，壓力源既可以是正面的，也可以是負面的──在真實的遊樂場雲霄飛車上會讓你心跳加速，這種身心高速狀態對某些人來說可能是一種負面的經驗，但是對其他人來說卻是一種愉悅、肯定生命的經驗。壓力源也可以描述為急性（短期）或慢性（長期）。新上任一份需要額外學習的新工作，可能會被視為一種令人振奮的正面壓力。與你的孩子發生爭執，可能是一種負面的壓力，但只是短期的，而且很容易恢復。當受到壓力時，大腦會啟動一連串的反應，是通常稱為「戰鬥─逃跑─僵住」反應（'flight, fight, freeze' response）的某種變體。你身體的交感神經系統會釋放腎上腺素（adrenaline）和皮質醇（cortisol），讓你準備好採取行動來應對壓力。這會索求你的身體預算，但是日常壓力都會發生在每個人身上；它們是生活的一部分。通常你的身體可以從這些壓力中恢復過來，事實上它甚至可以在反應時增強自身。

壓力會產生情緒，不過這種反應並不總是會被標示為壓力——這只是我們可以用來了解發生了什麼事的一種情緒標示。「戰鬥—逃跑—僵住」反應所產生的情緒可以是各式各樣的，並且取決於情境。有時候，這種反應會讓人興奮，例如，當我們在運動或者喜歡看恐怖片，我們可能會把它標記為快感或者興奮。有時候，它可能會讓人感到害怕或者焦慮，因為它似乎是突然出現的，你會感覺到自己的心臟不受控制地跳動，我們可能會說這是恐懼。我們無法確實地說出哪一種情緒會出現，因為這取決於所有其他混合的成分。但，有一件事可以肯定，就是長期經歷太大的壓力，對我們的大腦、身體、健康和感覺都是有害的，而且會在你隱喻的情緒雲霄飛車旅程中造成嚴重的跌落。

長期的壓力會使你的身體預算嚴重不足。你的大腦和身體會加強並持續過度預測威脅，即使在不需要的時候也會啟

動交感神經系統。雖然短期的皮質醇釋放可以增強免疫力並且生正面的效果,但是長期的皮質醇釋放會影響幾乎所有的身體系統,並且攸關較差的健康和情緒。長期如此會讓你感到疲憊、倦怠和不適,而身體的預算存款也會因為你的血壓過高而沒有什麼作用。

人與人之間的身體和大腦都有互相連結,這表示你會對身邊的人產生強大的影響,反之亦然。不斷受到他人的批評,會讓我們頻繁提款身體預算,也表示我們更有可能在未來預測到這一點。你的經理在會議中說的話可能會造成平靜或者威脅,並且影響你的身體,這取決於他們的言行(以及過去的行為)。回家後,伴侶可能會讓你平靜下來或者增加你的威脅反應,這取決於你們之間的關係以及大腦基於此所預測的結果。

不安全的感覺會造成身體預算的不足,而安全的感覺則有助於產生存款。你的情境是組成安全感的重要部分,但最重要的是你的人際關係——在你的情緒雲霄飛車上與你並肩作戰的人。擁有安全的社交關係可創造存款,有助於調節身體並且減少壓力的負面影響。我們是社交生物,我們會感知其他人的情緒,而他們也會在我們身上產生情緒,因為我們的身體和大腦會對他們和他們的情緒做出反應。這方面的例

子不勝枚舉，好比說和別人安靜地坐在一起可以幫助減緩心跳；握手可以讓你感到安全；擁抱哭泣的小孩可以幫助他們平靜下來。我們使用的詞彙也會產生身體的感覺：說「我愛你」會影響我們的生理狀況。透過我們的言行，我們可以共同調節（co-regulation）和幫助管理我們的身體預算。

以下練習的目的是幫你管理因壓力而產生的情緒，並且學習如何使用共同調節和連結來影響你的情緒。

練習1

壓力的症狀

　　壓力不可避免,且不一定都是壞的,但是太多壓力或長期壓力可能會造成傷害。注意到你的壓力症狀相當重要,因為這些症狀可能顯示有些事情需要處理或者思考。請使用下列範例和下面的插圖來思考,然後寫出你的壓力症狀清單,這樣你就可以開始學習思考你的需求。

潛在身體症狀:
肌肉緊張、疲勞、頭痛。

潛在行為徵症狀:
睡眠或食慾改變,脾氣變得暴躁或易怒。

潛在思考和感覺症狀:
難以集中精神、思潮奔騰、感到難以承受、難以做決定、感到焦慮或擔心

身體症狀

思考+感覺症狀

行為症狀

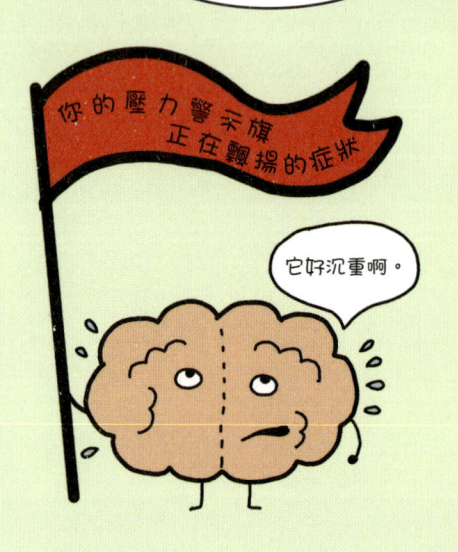

你的壓力警示旗 正在飄揚的症狀

它好沉重啊。

練習 2

壓力源警示旗

你應對壓力源的方式有助於減少它們,或可能增加它們。我們有時候都想逃避困難的情緒,但是研究顯示持續逃避對我們的健康不利。不過,如果你能識別自己的壓力源,並且找到有用的應對方法,你的情緒和心情都會有所改善。請使用第 56 頁上的插圖,找出你知道哪些情況在你身上產生的壓力反應,然後想想哪些想法可能會有效。

練習 3

共同調節

這是一個強大的工具,可以幫助調節我們的感覺、為我們的身體預算存款,以及支援困難的情緒。使用這些提示來思考如何有效地使用共同調節來處理你的情緒。

- 當我感到壓力或者難以承受時,誰會安慰我?在不同的情況下思考這個問題,例如工作或者家庭。

- 在一天中的特定情況或者時間裡,某些人是否會協助我共同調節情緒?(例如,在充滿壓力的工作日下班後擁抱你的孩子)

- 他們做了什麼能安撫我的事?可能是談論你的感受,或如擁抱等簡單的行動,或他們甚至只是出現在那裡。

從你的想法中脫勾

思考的大腦

　　思考是很奇怪的東西，它們每分鐘都在我們的腦海中不斷穿梭。即使你認為自己什麼都沒做，你的大腦也在努力思考過去、將來和可能發生的事。我們的思緒穿梭於過去和未來，甚至創造出前所未有也不可能存在的想像世界。思考的形式可能是圖像、文字或兩者皆有。有時候，思考會對我們大吼大叫，但是它們也經常看起來短暫且難以捕捉。那麼，如果我們歸根究柢，什麼是思考呢？

　　還記得那數百萬個神經元與數億連結嗎（請參閱第50頁）？從最基本的角度來看，思考是連結神經元的電脈衝，以特定模式一同激發。它們是透過連結你大腦中的表現所構成，將感官資訊的結構與理解提供給你。你的思考可以被視為你的心靈與世界之間的一扇窗，它捕捉了一些輸入的資訊，這些資訊已經被你的注意力篩選過，並且由你的經驗、預測和心中的結構，將它構築出來。思考並非一成不變：它們會移動和波動。我們可以改變並影響它們，創造新的連結，學習透過哪一扇窗戶繼續觀察，並且認識到哪些窗戶對我們無益——因為信念、情緒和經驗框定了它們。我們可以決定擴

大或者改變這些窗戶中的一部分；或者我們可以選擇完全透過另一扇窗戶來看。

我們一天的想法數量估計從幾千到十萬不等。2020年的一項研究指出，我們每天約有6200個「思蟲」〔按：thought worm，英文將縈繞耳邊的音樂稱為耳蟲（ear worm），故此處編輯將縈繞腦中的想法譯為「思蟲」〕。是的，沒錯，思蟲──在大腦掃描儀下，你的大腦活動（思考內容）會出現明顯的變化。無論我們有多少思蟲，牠們都是我們情緒雲霄飛車上的常伴，與我們的情緒有著內在的聯繫。事實上，我們的思考將來自你大腦的所有資訊進行分類，並且透過我們的語言將其概念化時，正好定義了一個情緒情況。傳統的觀點可能認為思考會引發情緒，但事實上這是雙向的。有時候，我們的思考會推動情緒雲霄飛車沿著特定的路徑前進，而感覺和由此產生的情緒情況都是由思考引起的。其他時候，我們的情緒會推動雲霄飛車，驅使我們的思考，並且根據我們的感覺來轉換這些思考。這並不奇怪：思考和情緒都是資訊處理的產物，所以它們在雲霄飛車上並肩前進，有時候一個會對另一個產生更大的拉力，並共同理解你的世界。

我們感覺的方式以及相關的情緒，在我們的資訊處理過程中扮演著關鍵的生理角色。讓我們來看看這是如何發生

的。我們現在已經知道，我們的大腦和身體機能與我們的感覺交織在一起。任何曾感到生理上焦慮的人都會注意到生理狀態對他們思考的影響——高度警覺或無法清楚思考。研究顯示，當我們感到焦慮時，我們更傾向對看似模棱兩可的資訊預測出負面的結果。這是有道理的。如果你生活在一個充滿威脅的環境裡，你需要快速適應威脅。當我們感覺良好時，我們更有可能拓寬視野、建立社交關係並決定冒險，而我們的思考也會與此相符。當我們感到悲傷時，我們的執行功能（executive functioning，大腦裡負責規畫、解決問題等的管理者）會受到影響，包括注意力，而注意力會影響記憶力。我們的思考方式也會與我們的情緒一致——我們會更容易注意到負面的事情，並且很難做出決定或想出解決之道。想一想你認識的人曾經有過憂鬱的時候。你可能會注意到自我批評的情況會增加，卡在某個主題上的情況很常見，而且解決方案或者想法可能會減少。當我們的情緒下滑時，我們的思考也會隨之下滑。

我們的思考會影響身體與感受——也會產生情緒。我們的預測可能會出現在我們的思考中（例如「我不會去那個社交活動，一切會很糟糕，沒有人會想跟我說話」），這會影響我們的身體反應的方式，表現出緊張和僵硬。我們腦子裡

的想法會造成身體上的感覺──我們的大腦不會區分資訊是外在的還是內在的。如果你經常批評自己，就等於有一個惡霸與你並肩作戰。為每件發生的壞事自責，或者認為自己肯定不會成功，都會讓你覺得內心注定失敗。如果你想像自己在一個快樂的地方（例如，有時會建議在瑜珈或者冥想中這樣做），那麼在你的腦海，身體就會回應這願景。你會放慢腳步，感到平靜。當涉及到情緒和思考時，這是生理影響思考、思考影響生理的搖擺循環，這所有的事都會產生感覺和資訊，而這些感覺和資料都會滲入我們個人的情緒食譜中。

我們的大腦所學會的反應方式來自於我們的成長背景和經驗，我們可能會在某些情況下傾向於以特定的方式思考。有時候，一段記憶會突然出現，然後我們就會產生相關的情緒。如果這是你夢寐以求的假期，那就太好了；如果是創傷或者悲傷的記憶，那就沒那麼好了。有時候，我們甚至還沒意識到自己在做什麼，就已經開始預測威脅：「我會把這次簡報搞砸。」雖然我們無法總是預測情緒雲霄飛車會產生什麼想法，但是我們可以在如何回應的方面有更多的主動權。我們也可以找到重新導向思考的方法；換句話說，讓情緒雲霄飛車駛向稍微不同的路線，以產生不同的反應。

練習 1

我的「思蟲」在告訴我什麼？

　　我喜歡「思蟲」這個概念，它在我們的大腦中穿梭。吸引你注意力的蟲子會有所不同，有些會出現在你的意識裡，有些則會消失在泥土裡。有可能一次出現很多隻，或有幾隻可能會不斷重現，就算你多希望它們消失也一樣。儘管我們的念頭有時候會令人不快，但是將它們壓下去會讓它們出彈得更高，就像你試著把沙灘球推到水底一樣。看見它們有助於聽到、理解我們的想法，並認識到它們的本質——我們可以選擇要不要參與的故事——而不是讓它們主宰一切。藉由承認它們，我們能夠影響我們與它們互動的方式、我們對它們的感覺以及它們帶給我們的感受。

你的批判性思蟲怎麼說？

當你傷心時，你的思蟲會說什麼？

當你焦慮或擔心時會怎麼樣？

這裡是思蟲的派對！

你的想法零錢

練習 2

我們要如何框住想法？

你不是你的想法，你的想法也不是事實。如果一個想法正在困擾著你，那就把它框住。這是你目前看待世界的框架，但是你可以透過許多其他框架來改變你的觀點。重新框住你的觀點對健康有益。使用下一頁插圖中的提示來框住困擾的想法，並且思考，若將觀點調整到其他框架之一的話，你的情況可能會如何改變。請注意這種轉換會讓你有什麼感覺。

練習 3

從你的想法脫勾

有些想法是很難擺脫的。有時候我們可能沒有精力去審視自己的想法。我們可能已經使用了其他技巧，或者是意識到我們因心情低落而產生了無益的想法。有時候我們只是需要休息一下，如果想法讓你感覺很糟糕，你可能需要鼓勵大腦暫時從事其他事情。這不是逃避，而是選擇轉移你的焦點。你可以透過你會投入並給你樂趣的活動來達成這個目的。使用第 64 頁的插圖來思考如何從你的想法中脫勾，讓大腦休息一下，將你的認知資源轉移到對你更有幫助的地方。

想法藝廊

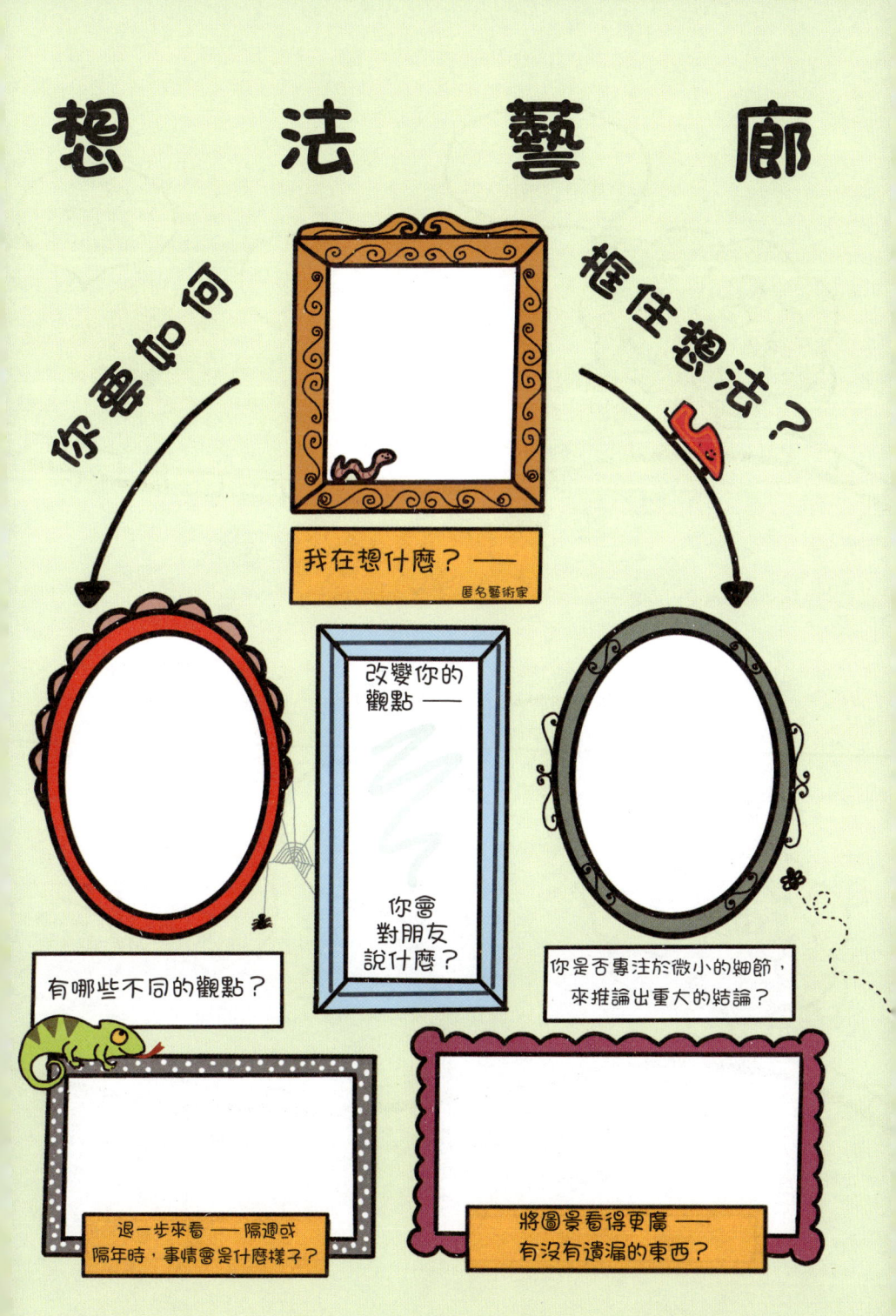

你要如何　　　　　　框住想法？

我在想什麼？
居名藝術家

改變你的觀點 ——
你會對朋友說什麼？

有哪些不同的觀點？

你是否專注於微小的細節，來推論出重大的結論？

退一步來看 —— 隔週或隔年時，事情會是什麼樣子？

將圖景看得更廣 —— 有沒有遺漏的東西？

注意到愉快的情緒。

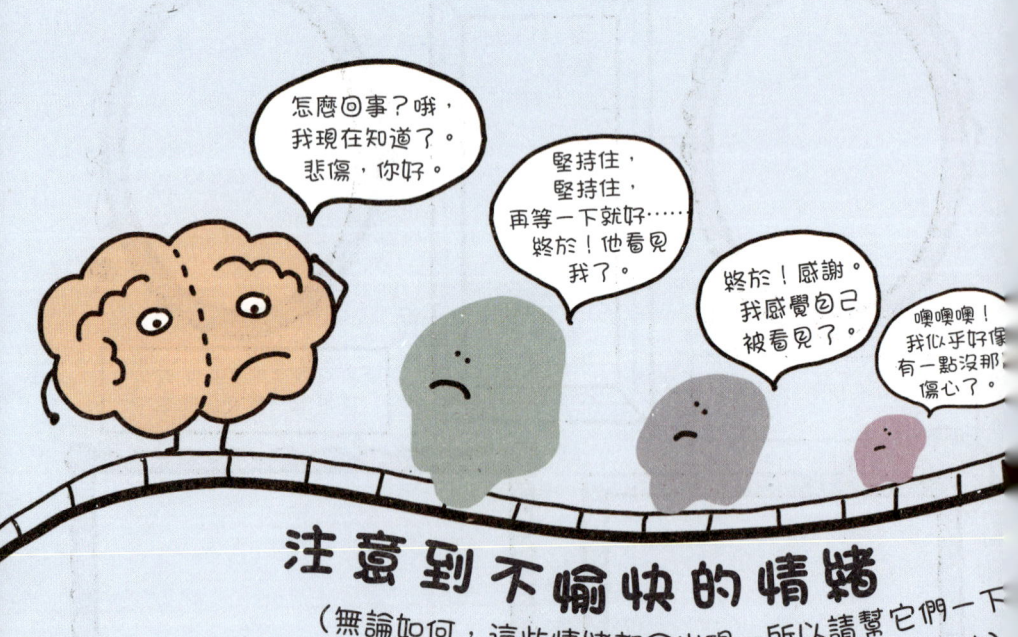

注意到不愉快的情緒
（無論如何，這些情緒都會出現一所以請幫它們一下
向它們問好，並且找出回應的方法）

第 3 章
回應我們的情緒

　　抓緊了！你的情緒飛雲霄車正駛向陡峭的下坡軌道——你現在該怎麼辦？我們不一定能夠決定它會把我們帶到哪裡——正如我們在前幾章中所看到的，我們的感覺會受到許多無法控制的因素影響。然而，當我們的雲霄飛車將我們帶到一個不愉快的俯衝或者循環時，我們確實能讓自己更有能力來決定如何回應。我們對於情緒的反應，可以協助我們走過路途並到達其他終點，也可能讓我們困在循環的軌道上無法前進。但首先，我們需要發現自己的情緒，而這並不像你所想的那麼容易。我們常常嘗試假裝自己的雲霄飛車在生活裡一帆風順，壓抑、否認和忽視任何偏差，這表示我們並不總是知道自己的感受和如此感受的原因。讓我們的雲霄飛車維持平穩運行的技巧看起來很好，不過最終它往往會以意想不到的顛簸、停頓或者爆發來反擊。本章將探討當我們在軌道上馳騁時，如何找出自己的情緒，以及我們的回應如何能幫助雲霄飛車更順利地運行。

情緒信念

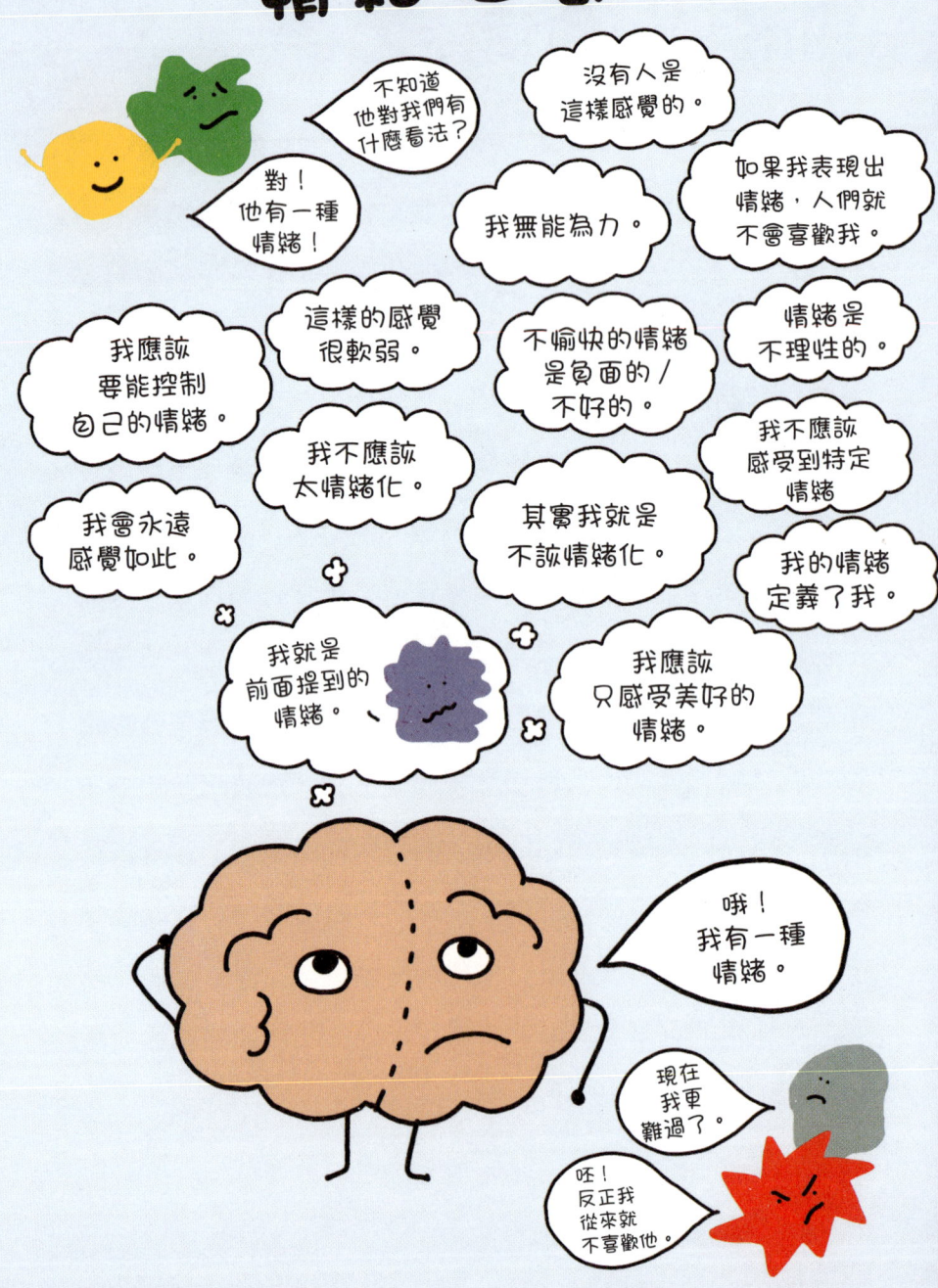

- 不知道他對我們有什麼看法?
- 沒有人是這樣感覺的。
- 對!他有一種情緒!
- 我無能為力。
- 如果我表現出情緒,人們就不會喜歡我。
- 我應該要能控制自己的情緒。
- 這樣的感覺很軟弱。
- 不愉快的情緒是負面的/不好的。
- 情緒是不理性的。
- 我不應該太情緒化。
- 我不應該感受到特定情緒。
- 我會永遠感覺如此。
- 其實我就是不該情緒化。
- 我的情緒定義了我。
- 我就是前面提到的情緒。
- 我應該只感受美好的情緒。
- 哦!我有一種情緒。
- 現在我更難過了。
- 呸!反正我從來就不喜歡他。

我們學習到的情緒反應

我們已經思考過想法與它們驅使你情緒雲霄飛車的方式，但是還有一種重要的想法類型，是你雲霄飛車之旅的核心：你對於情緒本身的信念。這真的會影響我們如何體驗情緒，以及我們會在情緒出現時做什麼。你是否曾經告訴自己要「振作起來」或者是你「沒有權利」有這樣的感覺？又或者你告訴自己，既然你生命裡有這麼多美好的事物，你「就應該快樂」？當你陷入低潮時，你是否會告誡自己無法應付？或者當你的憤怒升起時，你是否跟自己說憤怒是沒有用的，只要冷靜下來就好？這些都是你對於情緒的信念，這些信念悄悄地滲透你的想法，影響你如何與情緒雲霄飛車的高低起伏互動、如何回應你的情緒，以及當雲霄飛車偏離直線時（因為它就是會如此），你會做什麼。這些信念強大到它們事實上可以自行操控我們的雲霄飛車和創建情緒。我們的信念甚至可以讓我們陷入循環裡，延長我們的低潮（或起伏），並且產生次級情緒（secondary emotions）來回應我們最初經歷的情緒。

我們的信念是透過從家人、朋友、同事、雜誌、電視和

文化等接收到的訊息而形成的。我們所聽、所看、所經歷的過程成為我們的故事，影響我們的想法和行為。如果我們想要在未來幫雲霄飛車改變目的地，了解我們對情緒的信念是非常重要的。

我們已經探討了你聽過的故事，以及社會上存在的情緒迷思，這些很可能已經影響到你的信念。現在想一想（請參閱第79頁的練習1）：你以前接受過的、關於情緒的訊息是什麼？是否只有所謂正面的情緒？情緒被否定了嗎？你是否收到關於特定情緒的訊息？例如，憤怒是不可接受的，而驕傲或者嫉妒會讓你成為一個壞人？某些情緒是否只為某些人所接受？例如，女性被批評太感情用事，或者是只有男性才會有憤怒？哭泣是羞恥的事嗎？焦慮或者生氣會被認為是壞人嗎？或者難過的情緒是需要推到一旁並嘗試修復的嗎？我們都曾接受過關於情緒的訊息，無論是直接（例如懲罰情緒，或被告知感受情緒沒關係）或者暗中（例如忽略情緒、分散注意力，或需要儘快解決情緒）。

這些訊息塑造了我們的信念。在人生早期，你的情緒如何被回應，將影響你現在如何回應情緒，這就是為什麼幫兒童了解他們的情緒是至關重要的。關於什麼是情緒以及你應該如何回應情緒的故事，會受到你所生活的時間、地點和文

化的影響。

當然，這些信念會影響我們如何體驗、理解和回應我們的情緒，以及我們如何表達（或者不表達）我們的情緒──我們的「表現規則」（display rules）。這些是展現情緒的潛在或明確規則，形成我們回應情緒的一般模式。我們是否學會把情緒封存起來（例如在看悲傷的電影時隱藏自己的眼淚），或者我們是否只討論正面的情緒？我們會在下一個主題中看到，我們學會遵循的這些表現規則裡，有些可能是無益的，而且諷刺的是，會造成更難處理的情緒。

當我們體驗到一種情緒時，所有這些根深蒂固的信念和規則都會在我們的思考中表現出來。你對自己情緒的想法和信念，會影響你下一次感受到的情緒。這有時候被稱為「次級情緒」：那些因為我們對最初情緒的反應而產生的情緒。它們有時候會非常無助，會在你的雲霄飛車上產生螺旋，帶領你進一步跌入黑洞。如果你因經歷情緒而責備或者批評自己，你不會讓自己感覺良好。你的大腦很可能會感受到威脅或者絕望，這會在你的情緒中表現出來，擴大你原本就有的任何艱難感受。同樣地，你若因自己有某種情緒而羞辱自己（例如，責備自己因為一時的批評而「太」難過）也不會讓你感覺良好，反而會導致更難受的情緒。

我們對自己能否應付情緒發生的信念也很重要。如果你認為情緒是不受控制的，你會更容易感到焦慮，也更不可能對情緒做出有幫助的反應，或者使用可能會讓事情變好的應對策略。但是，如果你覺得自己有一些策略可以幫你處理情緒，並且知道在情緒出現時應該怎麼做，那麼情緒就不會那麼可怕了。若人們將情緒視為自己可以處理的事情，他們會覺得自己更能控制情緒，這對他們的感覺有正面的影響，從而在情緒來臨時降低挑戰性情緒的威力。

我們對自己的情緒所說的故事，往往是我們反應的幕後推手，這些故事可以讓我們有助益地度過這些情緒，也可以讓我們走上負面的軌道。我們可以學習更新我們的情緒故事，讓我們的信念對我們更有幫助。以下的練習是設計來幫你找出對情緒的信念，並且挑戰它們，幫你將情緒雲霄飛車駛向更有利的方向。

練習 1

我是個情緒信徒

　　我們對情緒所持有的許多信念都來自於我們的成長環境，以及我們所屬的社會和文化。這些訊息可以直接由他人告訴你，或者是間接來自你周圍的人對情緒的反應。現在，想想這些訊息如何塑造了你的信念。記下當你想到情緒時，腦海中浮現的一些想法和判斷。當你經歷不同的情緒時，你會對自己（或他人）說什麼，你又會在回應時做什麼？這些都是識別你對情緒本身信念的重要線索。如果你有困難（信念是出了名的難以察覺），我在第 74 頁的插圖中加入了一些我在心理師的工作裡經常聽到的信念。看看你是否能在自己身上發現這些信念。

> 練習 2

你的表現規則

　　使用下列提示，思考這些訊息和你對情緒信念如何影響你的表現規則。

- 列出常見的情緒清單，並且描述你的外在表現會是什麼樣子？你有一般的表現規則，還是針對不同的情緒有特定的規則（例如「我可以表露快樂，但是不能表露太多」或者「我絕對不應該表現驕傲」）？
- 在你成長的過程裡（或者現在），你接收過哪些關於情緒應不應該表露的訊息（例如「發脾氣是不可接受的」）？
- 你的表現規則跟你表明的恰當回應或表現情緒方式是什麼？你對結果感到驚訝嗎？是否有些情緒需要花很大的努力才能壓制？如果是的話，要怎麼做才是合理的釋放？

> 練習 3

揭穿你的情緒迷思

　　就像不良的科學需要被揭穿一樣，我們基於無益信念的情緒信念（emotional belief）也需要被揭穿。讓我們利用這個科學實驗，反向提出一些關於情緒的新信念，你可以將這些信念應用在自己的生活裡。

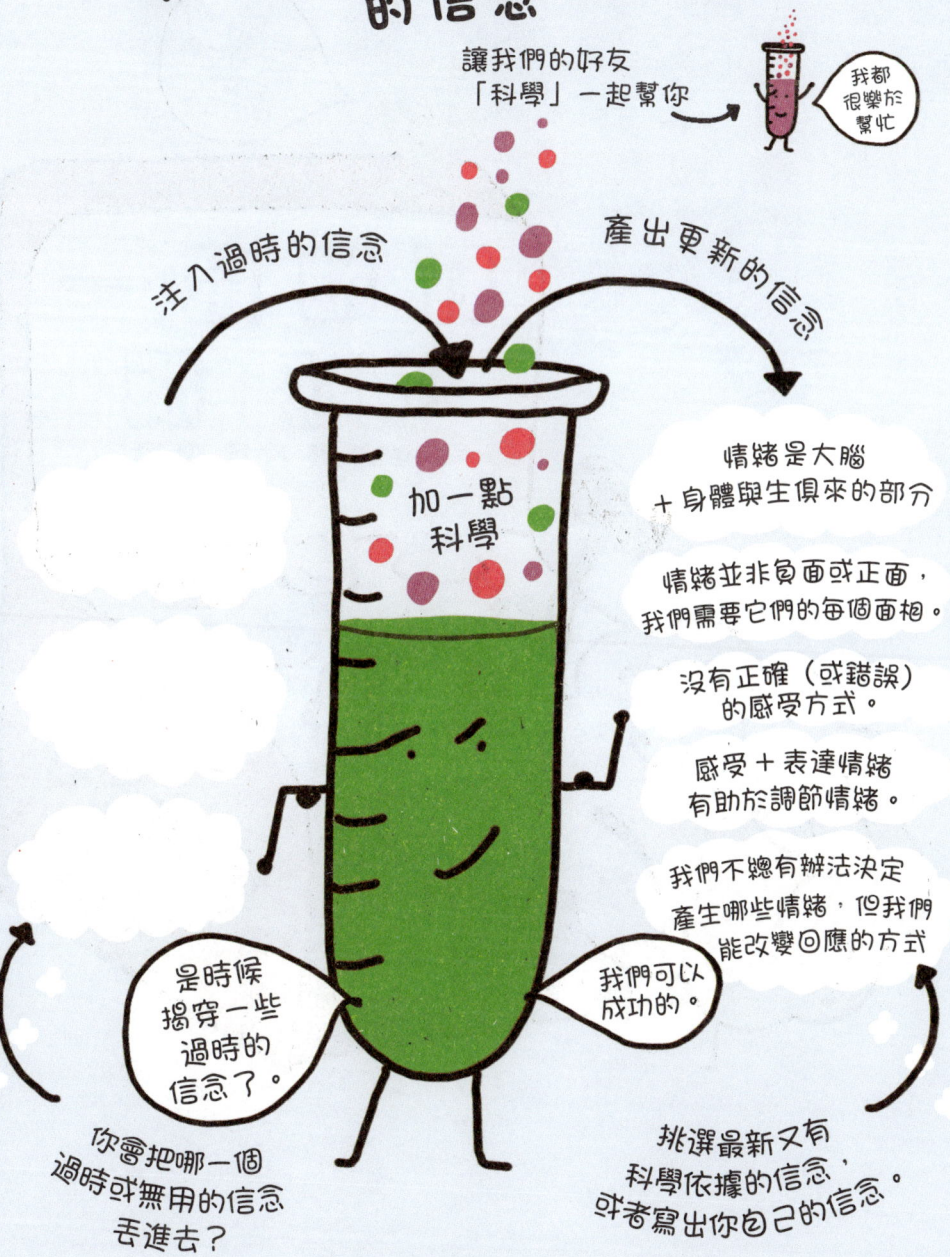

更新你對情緒的信念

讓我們的好友「科學」一起幫你 → 我都很樂於幫忙

注入過時的信念 　　產出更新的信念

加一點科學

- 情緒是大腦＋身體與生俱來的部分
- 情緒並非負面或正面，我們需要它們的每個面相。
- 沒有正確（或錯誤）的感受方式。
- 感受＋表達情緒有助於調節情緒。
- 我們不總有辦法決定產生哪些情緒，但我們能改變回應的方式

是時候揭穿一些過時的信念了。

我們可以成功的。

你會把哪一個過時或無用的信念丟進去？

挑選最新又有科學依據的信念，或者寫出你自己的信念。

他在做什麼？你不能一直把我們壓下去！
不顯示情緒
練習
大吃或不讓自己吃東西
壓抑
強迫自己正向
責怪他人
忽視
酒精物質
幽默＋諷刺
掩飾
社會退縮
拖延
逃避
總是忙碌的
完美主義
打地鼠—
情緒版
趕走煩人壞情緒
悲傷
羞愧
憤怒
遺憾
愧疚
焦慮
恐懼
活地鼠
打扁壞東西
20元

走開啦

生活有時候很艱難，你的情緒雲霄飛車難免會在艱難的時期和情緒中遇到一些挫折。沒人能在生活裡的某個階段避免艱難或者不愉快的情緒。但不同於真實生活中的雲霄飛車，沒有人會在進入艱難時舉起雙手歡呼。一個有趣的事實是，我們對所謂負面情緒的形容詞遠多於正面情緒。這些情緒屬於情緒指南針的左側（請參閱第 90 頁），因為它們都是描述不愉快的感覺。然而，儘管我們對這些情緒有更多的形容詞，我們卻傾向於較少提及它們。通常，我們根本不想去關注它們，而是想方設法把它們推開或避開它們。試著擺脫不愉快的事情是世界上最自然不過的事，不幸的是，要拒絕存在於我們大腦和身體裡的感覺並不是那麼容易。事實上，這往往會讓它們更強烈地回來，或者以我們意想不到的方式突然出現。

我們想要擺脫糟糕情緒的主要原因之一很明顯──沒有人想要感覺糟糕。我從來沒見過有人會說：「前幾天我感到非常焦慮的時候，感覺非常好。」或是「我在沮喪的時候，過得非常愉快。」我們也可能覺得沒有足夠的能力來處理這些情緒；它們可能會讓我們覺得情況失去控制；或者我們可

能會害怕如果讓它們進入我們的生活，我們會讓它們變得更糟。或者，我們可能認為自己只是沒有時間處理這些擾亂我們忙碌生活的煩人困難情緒。我們的信念也在其中扮演角色：我們可能認為自己不應該有這種感覺，所以把它推到一旁；或者我們可能試著掩飾自己的感覺，因為我們相信感覺良好才是唯一可接受的情緒表現。老實說，我們永遠不會張開雙臂歡迎我們的困難情緒，但是我們也不需要將它們推開。與其對抗它們，我們可以學習與它們並肩而坐，接受它們是生活裡不可避免且必要的一部分。研究顯示，這有助於阻止低潮進一步惡化。

壓抑情緒的諷刺之處，在於這麼做所產生的效果與我們希望達到的效果剛好相反。研究顯示，這其實根本不會讓我們感覺更好，反而會擴大我們的困難情緒。如果我要求你不要去想櫥櫃裡的一塊巧克力（或我更喜歡的洋芋片），我敢打賭，你愈是試著不去想它，它就愈會隨機出現在腦海中（我現在肯定就在想洋芋片）。心理學實驗證明，努力不將注意力放在某件事情上，會讓我們更注意到它（我還在想洋芋片）。這也會消耗大量的認知資源和能量，因此會對大腦造成很大的負擔。壓抑情緒或者想法會增加我們的生理壓力反應，反之，表達情緒或者想法則會減少壓力。不是說我們從

來不需要避免情緒——有時候分心正是我們所需要的——不過如果這成為我們回應情緒的常態，它可能會變得毫無幫助，並且與健康狀況不佳有關。

逃避情緒有許多形式。我們可能會否認它們的存在，拒絕注意到自己的感受，或者是忙著做其他事情以逃避感受。我們可能知道它們存在，但卻把它們壓下來，從不讓它們出現或者談論它們——不惜一切代價，試圖不讓它們溜走。或者，我們可能會與它們戰鬥：和它們說我們不該有這樣的感覺，我們只需要振作起來。哈佛大學心理學家蘇珊·大衛博士（Dr Susan David）將這種逃避或壓抑形容為「裝瓶」（bottling），也就是將你的情緒擱置一旁，這會讓你身心俱疲，讓你覺得情緒很沉重，而且很可能會意外地洩漏出來。不幸的是，這些情緒往往最後還是會爆發出來。你可能會對孩子大吼大叫，但其實你在其他地方感到沮喪；或者是對同事大發雷霆，但原因是你剛參加的會議中，有人偷偷破壞你原本要處理的問題。

或者，也許會發生相反的情況，你的情緒會黏住你，讓你難以承受。蘇珊·大衛博士將這種情況形容為「耽憂」（brooding），這是另一種無益的情緒回應方式，也就是我們如抱著一本書般將情緒緊緊地抱在胸前，並且深深地陷入

其中,無法自拔。同樣地,耽憂會攸關更差的幸福感,而且在面對生活拋給我們的情緒雲霄飛車挑戰時,我們會遇到更多的困難。不同的心理學領域會使用不同的術語來形容被情緒困住的狀態──你也可以將其視為被情緒勾住或者困住(請參閱本書第 64 頁「思考的大腦」),因此我們難以擺脫情緒,或從情緒裡學習。我們的情緒雲霄飛車因軌道上的碎片而停滯不前。

這些碎片可以有很多種形式。或許我們會陷入隨情緒而來的思緒中,不斷沉思我們不確定的未來;或我們的生活中充斥著過多的壓力,讓我們感到被壓倒──僵住且無法前進。覺得很糟的認知效果本身就可以使我們陷入困境:決策困難可能表示我們看不到解決方案;難以靈活思考可能表示我們難以轉換另一個視角;難以專注可能表示我們忽視了那些可以讓我們感覺良好的事物。或者我們可能無法認知到我們正在經歷的情緒,因此難以退一步觀察它對我們的影響。這些軌道上的碎片可以讓我們陷在情緒中,無法走出困境或穿越。

在這兩種極端反應之間有一個中間地帶,可以協助我們退後一步,認清自己的情緒,輕輕地控制它們,而不是任其驅使我們。我們會在接下來的幾個主題中了解這一點。然而,

為了達到這個目標,我們需要接觸並了解我們目前回應負面情緒的方式。讓我們來看看你對情緒的反應吧。

> 練習 1

你是「裝瓶」還是「耽憂」？

　　我們每個人在不同時刻都會有不同的情緒反應，但是我們可能會注意到具有特徵的反應模式。這些模式並非互斥——你可能會注意到，在某些情況下，或與特定的人在一起時所引起的情緒，你會更容易被其勾上，但卻刻意逃避其他情緒。使用下頁插圖，反過來思考你的反應模式。如果你已經注意到自己被情緒困住了，要移除軌道上的碎片，第一步就是認清造成這種情況的因素。

> 練習 2

多種形式的逃避

　　逃避是指我們試著分散自己的注意力，讓自己不去體驗某種情緒。想想你逃避情緒的方式。有些分散注意力的方法可能有益，但是就像所有的應對策略，是否有益取決於它們的功能。這種分心是否有助於支持你面對困難的情緒，並且協助你回應這些情緒，還是只是用來阻擋這些情緒？運動就是一個很好的例子——運動在協助改善憂鬱和減少焦慮方面有很好的證據基礎，而且人們經常覺得運動有助於理清思緒。然而，我曾經與一些過度使用運動來阻擋所有不良情緒的人共事過，在這種情況下，運動可能毫無幫助。請仔細閱讀第 82 頁插圖中列出的項目，並且思考你是利用它們來阻擋情緒，還是支持你的情緒（當然，這在不同的場合可能會有所不同）。

你是「裝瓶」還是「耽憂」？

情緒前線一片寂靜！
一切都很順利。
這裡沒看到什麼東西。
她對我們的情緒做了什麼？
讓我們出去。
我們在這裡。
裝瓶大道
耽憂路障
靈活的巷道！
喂，他們看不出還有別條路能走嗎？
情緒前進！走哪條路？
小心！前方有路障。
我卡在情緒裡。無法自拔。
暢談
從想法中脫勾
做一些讓你感覺良好的事情
你可以做哪些有用的撇步？
關注自己的負面沉思
排除碎片
允許其他情緒進入
自我關懷

情緒指南針
你的情感在哪個方向？

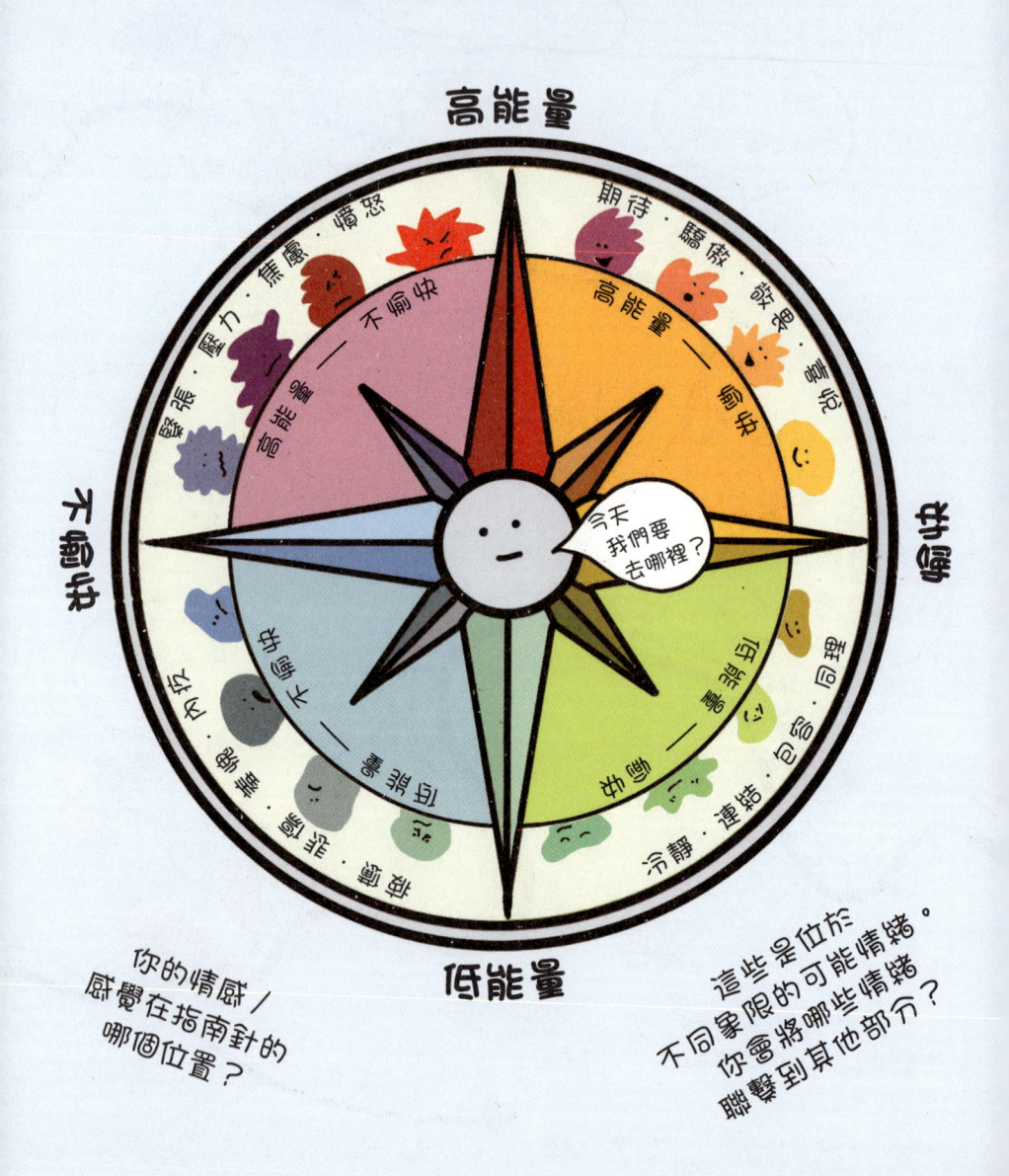

高能量

憤怒・焦慮・不愉快高能量
緊張・壓力
期待・驕傲・愉快高能量
敵意・憤恨
今天我們要去哪裡？
不愉快
好愉快
悲傷・不愉快低能量
孤單・無聊・憂鬱
愉快・低能量
冷靜・連結・包容・同理

低能量

你的情感／感覺在指南針的哪個位置？

這些是位於不同象限的可能情緒。你會將哪些情緒聯繫到其他部分？

找出你的情緒

我還記得小時候在星期六報紙上有一項遊戲比賽,叫做「找出球」(Spot the Ball)。那是一張球被拿掉的足球比賽照片,只要猜對球的位置就能贏得比賽。聽起來很容易,但是有很多誘餌——球員通常會看錯方向,而且球從來都不會在你想到的地方。我每個星期都很努力地完成,不過從來沒有成功過。我覺得觀察自己的情緒有點像觀察球——聽起來很容易,但是實際上卻很難。幸運的是,這幾年來,我在找出情緒方面愈來愈成功。

正如我們透過情緒餅乾(參閱第32頁)所見,我們身體的感覺是情緒的核心。身體不斷地向我們提供資訊,而我們是透過內部感知的過程來了解這些資訊。我們可能會得到具體的回饋,例如胃酸、頭痛,或者可能會透過我們的情感體驗到目前事物的總結,這是大腦判斷身體預算的整體狀態。我們在此基礎上了解情緒或者生理需求方面發生了什麼事,以及該如何處理。然而,這並不像聽起來那麼容易。回想一下你的情緒信念——我們許多人從小就被自己成長的文化所教導,不要傾聽自己身體的聲音。當跌倒時,我們被告知「你

年紀夠大了」或者「趕快站起來撣掉身上的灰塵」。我們的注意力也可能已經被我們的認知世界（我們的想法）和外在世界所吸引，所以從來沒有注意到我們體內發生了什麼事。

我們許多人已經學會忽略身體發出的內在信號，因為外在世界的需求感覺太龐大了。有時候這種情況會變得非常嚴重，甚至讓我們忽略了尿意，或是表示饑餓的咕嚕聲。我在繁忙的醫院工作時，知道每天忙於工作而忽略口渴的徵兆很稀鬆平常，甚至會脫水到影響心情的地步。你會告訴自己的身體，就堅持下去就好，你要繼續忙碌的工作。然而，注意並且了解身體需求非常重要。這不僅是情緒的根源，也就是提供重要的資訊來顯示你的感受，而且在最基本的層面上，回應身體的（合理）需求是自我照顧的基礎。當身體告訴我們要吃東西時就吃東西、需要小解時就小解、需要休息時就休息、不舒服時就讓身體恢復，這些都是保持健康身體預算的關鍵，讓我們感覺良好並且保持健康。

除了忽略身體的感覺之外，我們也可以學習掩飾它們。我喜歡每天喝咖啡，不過我是在孩子還小時才開始喝咖啡的，那時候我的睡眠嚴重不足：喝咖啡能讓我得到一天所需要的能量。幾年以後，這已經成為一種習慣，每次我經過醫院的咖啡店，他們都會準備好我的拿鐵咖啡。我不確定自己是否

意識到自己有多疲累，因為我太常喝咖啡掩飾了我的疲勞，這表示我只是繼續工作，而沒有在身體告訴我需要休息時休息。短期提振變成了反覆的感覺掩飾，這轉變開始對我們管理身體預算的方式產生了負面影響。我們可以用很多方式來掩飾自己的感覺，其中最常見的就是藥物、酒精、止痛劑、過度運動和食物。

「聆聽你的身體」這句話聽起來很俗氣，但是它會提供你重要的資訊。這些資訊可能會顯示你需要以某種方式管理你的身體預算（放鬆、睡眠、小解、吃東西或者多喝水）。然而，由於我們的心靈和身體在本質上互相交織，因此我們無法真正將饑餓或者口渴的感覺從我們所描述的情緒區分開來。這些身體感覺所產生的情緒會讓我們覺得很糟糕，我們可能會將其標示為傷心、沮喪或者焦慮。有時，照顧情緒這件事讓人覺得很不具體，不過注意你的身體症狀並且回應生理需求卻是其中重要的一環。這並不是新概念——傳統的瑜珈練習著重於將注意力帶到身體上，以注意並且了解發生了什麼事。然而，我們的現代世界傾向於忽視我們對身體的關注，因為我們將關注轉移到忙碌的心靈來處理忙碌的生活步調。許多西方療法往往鼓勵我們看心靈如何影響我們，而身體方面的情緒同樣重要，卻較少被考慮到。

除了幫你管理身體預算之外，聆聽身體的聲音還能提供許多其他資料，幫你了解你自己、你的世界，以及你應該如何回應。它可以協助我們識別何時壓力過大，或者何時生活裡遇到困難，需要照顧自己。它會引導我們找到有意義的事情、讓我們投入的事情，和讓我們平靜下來的事情。忽略這些跡象可能會導致不堪重負和健康不佳，而壓抑或者羞辱情緒則會擴大這些跡象。認識它們有助於我們與情緒共存，從情緒裡學習，並且用有幫助的方式對它們做出回應。我們可以置身事外，觀察它們並且引導它們，而不是感覺它們在驅使我們。

一旦我們注意到身體裡發生了什麼事，我們就需要理出頭緒。「肚子裡的蝴蝶」（按：butterflies in your stomach，用來描述非常緊張）代表什麼？肩膀疼痛代表什麼？今天早上你為什麼會覺得「嘔～」？我們如何賦予意義是很重要的。研究顯示，我們的詮釋並非總是準確。我們可能會將生病引起的胃部不適，誤認為是對某人感到興奮或者被吸引。我們只是在猜測這些感覺的意義，但是經常注意它們，可以幫我們更理解它們。

提醒你一句：了解自己身體的感覺對你的情緒是非常重

要的,但有時候你可能會對自己的內在感覺相當敏銳,導致覺得這樣做毫無幫助。舉例來說,當我們有社交焦慮(social anxiety)時,我們會非常專注於自己的內在感覺,以及他人是否觀察到這一點;或者當我們有健康焦慮時,我們會非常清楚任何健康不佳或恐慌發作的跡象,而觀察身體會助長恐慌的感覺。如果你發現你的內在焦慮對你毫無幫助,或對你造成壓迫,你可能需要在一個能支援你的診間裡,才能更了解自己的身體。

練習 1

情緒指南針

　　首先，讓我們使用第 90 頁的情緒指南針來了解你的大腦對身體預算（情感或者心情）的總結。這可以幫你注意到自己的感覺，並且開始理解它。當你注意到某件事情發生時，或者在一天中的固定時間點使用這個指南針，以便更了解自己的情緒。我們不會把所有的感覺都概念化為情緒，所以這也可以幫你找出造成你感覺的其他因素。好比說，如果你經常感到疲倦，你是否需要進行健康檢查或者關注你的睡眠？

練習 2

聆聽身體的資訊

　　除了一般的感覺之外，我們也可能會從身體獲得更多特定的資訊，例如壓力相關的身體症狀。聆聽這些資訊有助於管理你的身體預算，以及了解你的情緒。使用下一頁的插圖找出你身體的感覺，並且使用文字雲（word cloud）來協助描述。每天問自己幾次感覺如何，這樣你就可以開始傾聽身體想告訴你什麼（嘗試使用第 54 頁「練習 1」裡的「心理上的身體掃描法」來協助進行此操作）。一旦你注意到身體正在發生什麼事，請考慮它在告訴你要做什麼。它是否在說：「嘿，我需要吃點零食、小解、休息或者做幾次深呼吸？」採取行動，讓你的身體預算保持平衡

你的身體資訊

1. 你的感覺是什麼？這種感覺在體內何處？

2. 呼吸並觀察，注意感覺是否有改變。

3. 我的身體在告訴我什麼？對於這種感覺，你需要做什麼回應？

> 你不是情緒餅乾？

> 不要否定我！薑餅人也有情緒！

沉重　醒著　乾燥　顫抖　緊繃　耗盡　酸痛　吃飽　溫和　失眠　灼熱　暈眠　火熱　燒燙　溫柔　平靜　暖溫　顫動　痠感　濕冷　疲憊　僵住　糾結　充滿活力　冒冷汗　口渴　雞皮疙瘩　隆隆作響　嘰餓　模糊不清　放鬆　虛弱　發癢　病懨懨

精神恍惚　生病　飽膩　刺痛　疼痛不止　安逸　焦躁　麻木　困難　熱　寒顫　刺痛　反胃　涼冷　難以呼吸　不安　強烈　柔軟　空虛　緊張　倦怠　焦急　疲憊　重擊　刺痛　冒泡

過濾你的情緒

我感覺很糟

我很難過

擔心 內疚 害怕 無聊 壓力大
緊張 疲憊 焦慮 不安

悲傷 孤獨 不值 迷失 冷漠 失望 懼怕
羞愧 委屈 憤怒

我很生氣

被淹沒 嫉妒 受傷 受威脅

表達自己

　　我一直對不同語言描述雪的方式很感興趣,而我的孩子們對所謂因紐特人(Inuit)有 50 種雪的詞語感到興奮。雖然這不一定是真的(語言學家可以爭論這一點),但是我們理解雪這概念的方式,確實在世界各地有所不同。就像雪一樣,有些情緒單字只存在於特定的語言裡。其中一個常見的是「schadenfreude」——從別人的不幸中得到喜悅或者滿足(按:本詞彙最常見的中文翻譯是「幸災樂禍」)。我們大多數人都知道這一點,但是如果沒有這個美妙的德語單字,我們可能無法為它命名或者將它概念化。不同的文化以不同的方式對我們的情緒世界進行分類和概念化,不同的語言也會認可不同的情緒。我們的概念對情緒至關重要,因為它們不僅會影響我們能夠溝通的內容,也會影響我們內部如何感知、理解和回應我們的情緒世界。

　　情緒是我們用來給內在感覺賦予意義的概念。在我們語言中的詞彙和定義,將這些無窮無盡的資訊流分門別類,以便我們能夠理解並從中建構出意義。當然,建構不僅適用於情緒,也適用於我們的整個世界和存在。我們的大腦總是

以文字的形式運用已有的概念,將我們接收到的資料匹配過去的經驗,從而找出它們的意義。我們用這些概念來觀察世界、理解世界,這些概念提供了結構,不過它們不是一成不變的──我們不斷地以言語建構為基礎,來協助我們理解新的資訊。例如,在 2020 年以前,很少有人會理解「保持社交距離」(social distancing),然而我們學習了新的概念來協助我們處理和理解這些新資訊。每當我們開始一份新工作。或去一個新國家,我們都會學習新的概念來定義和理解我們接觸到的新資訊,我們會將這些資訊編碼到我們的記憶裡,這樣我們就更能定義未來的資訊。正如你透過我收藏的情緒所見,我們也可以在情緒方面這樣做,我們的大腦(和身體)會因此而感謝我們。

我最近在「快樂實驗室」(The Happiness Lab)的 podcast 裡聽到研究員布蕾恩・布朗(Brene Brown,請參閱第 188 頁的「延伸閱讀」),引用哲學家路德維希・維根斯坦(Ludwig Wittgenstein)寫的話:「我語言的極限意指我世界的極限。」在我們的詞彙中擁有更廣泛的概念,可以擴大我們的世界,這表示我們可以用更細緻的方式來理解這個世界。這與我們的情緒世界尤其相關,然而我們許多人的情緒詞彙卻很有限。布蕾恩・布朗敘述她對 7 萬人進行的研究,發現許多人只能

用 3 個廣泛的情緒單詞來命名和認知他們的經歷：生氣（即憤怒）、悲傷和開心（即快樂）。在我們之中的許多人傾向於用「很生氣」、「我感覺很好」或者「我壓力好大」等概括性的詞彙來定義我們的情緒，而不是深入細節。這些非特定的詞彙會涵蓋廣泛的感受和經驗。如果我們將這些情緒放在篩子裡，將它們分成不同成分，我們很可能會發現是多種經驗促成了這些感受。這可以幫我們更詳細地了解自己的經驗。舉例來說，某個時刻的憤怒（也許是對觀察到的不公平感到憤怒）看起來會不同於另一個時刻的憤怒（當大腦負荷過重時對孩子怒吼）。

將你的情緒細分成細節，稱為「情緒粒度」（emotional granularity），有些人製造的情緒經驗會研磨得比他人更細緻。麗莎‧費爾德曼‧巴雷特博士描述了人們從高情情緒粒度（能夠描述許多情感體驗）到低情緒粒度（只能以有限的術語描述）的分類方式。情緒粒度不只是建構詞彙，而是將這些詞彙應用於你的經驗中，幫你更加了解情緒，並知道要如何處理。當我們沒有語言或概念來描述自己的經驗時，我們的情緒雲霄飛車會卡住。這會使我們更不願意溝通，以及將經驗概念化和分享。長期來看，低粒度可能攸關於我們情緒雲霄飛車的負面循環，因為它與憂鬱、焦慮和其他心理健

康問題增加有關。這表示困難的生活事件會對我們產生更大的負面影響,而我們在情緒調節方面會更加困難,應對情緒的策略也會更少。

情緒粒度是理解我們情緒的關鍵機制。擁有更高的情緒粒度表示你更能預測,發現、理解和調節情緒,以及能夠採取有用的回應支援你的情緒雲霄飛車。增加粒度會讓你的大腦更能理解那些每天都會出現的感覺。讓它可以更靈活地回應它們。這不僅對你如何回應情緒有益,也會讓你整體感覺更好──命名一種情緒似乎可以減少壓力。它有助於管理你的身體預算,因為預測更精準可以讓你用更少的認知精力來回應需求。而我們知道,維持良好且平衡的身體預算會對我們的感覺和健康產生正面的影響。情緒粒度高的人不僅更能調節情緒,而且更能使用有效的應對策略,他們似乎也更健康(因為身體預算的影響)和更少生病(因為身體健康在本質上與我們的感覺息息相關)。好處不止於此。更高的情緒粒度似乎也與社會關係的改善有關,而我們知道人際關係對我們在情緒雲霄飛車上的感覺非常重要,這會產生正面的連鎖作用。

希望我已經說服你值得加入我的「情緒收藏家俱樂部」(emotions collector club)。增加你的詞彙量是增加情緒粒

度的好開始;了解其他語言如何分類情緒,不僅令人著迷,還能增加更多的概念和類別,使我們更能預測和理解自己的情緒。但收集到的資料若只是放著長灰塵是沒用的——我們需要確保我們將它應用在自己身上,使用我們的概念來理解我們的經驗。我認為限制你情緒字彙的就是你的想像力限制,因為創造你自己的概念來描述情緒世界也同樣有幫助。我的「NFMs」(no food moods,不吃東西的情緒)是出了名的,這是我描述自己不吃東西時的暴躁和不耐煩。這很有用,因為朋友和家人會告訴我,「哦,我想你有 NFM 的風險」,敦促我進食,讓我感覺好一點。我也創造了「netflixless」(網飛失落)這個詞,來形容當我最喜歡的影集播完最後一集時的空虛和失落感。編造你自己的詞彙可以幫你將經驗分類(也可以是與孩子玩的有趣遊戲,為他們建立情緒詞彙,在他們成長的過程中提供支援)。

以下練習的目的是幫你思考如何精細地釐清你的情緒,並建立你的情緒詞彙,以協助情緒雲霄飛車在旅程中順利前進,並且對軌道上的顛簸做出有幫助的回應。

練習1

找出你的情緒

下次當你發現自己使用三大情緒詞彙之一（憤怒、悲傷或開心）或者情緒總括詞「有壓力」時，嘗試篩選詞彙，看看你是否能更準確地描述這種情緒。請使用第 98 頁的插圖來協助思考你的實際感受，並且將其分解為各成分。請記住，在描述你的情緒時，不必局限於一個語詞；我們經常會同時感受到多種情緒，有時甚至會相互衝突。找出一系列的情緒有助於捕捉你感受的細微差異。

情緒週期表

生氣	安全			
震驚	平靜	被激怒	抱有希望	困惑
焦慮	愛	沾沾自喜	樂觀	幸災樂禍
惱火	同理心	舒爽	欣喜若狂	嫉妒
惱火憤怒	熱情	驕傲	歡樂	吃醋

愛是什麼顏色？是我！

誰把我放在這框框裡？

我畫了個框框，我畫了個框框給你，是全黃的。

練習 2

成為情緒收藏家

我開始收藏情緒是出於興趣，沒有意識到這能讓我描述和理解自己的情緒。有一些很棒的工具可以幫你建立自己的情緒詞彙；在本書「延伸閱讀」部分（請參閱第 188 頁），你可以找到有關情緒地圖和情緒指南針的參考資料。為了說服你加入我的「情緒收藏家俱樂部」，我在下面的「情緒週期表」（Periodic Table of Emotions）中放了一些我的收藏。請以此作為你自己收藏情緒的開端，並且運用想像力來收藏你沒有命名的情緒，我很樂意知道你想到了什麼！

我感覺……

		孤立	難以承受	勇敢
遺憾	不安	鬱悶	無助	敬畏
悔恨	低微	失望	害怕	讚賞
羞愧	懷疑	沮喪	驚慌失措	鄉愁
愧疚	悲痛	傷心	焦慮	感興趣

嘿，沒有人會把藍寶寶放在角落裡。

我是藍色，Da ba dee da ba di da ba dee ba

我也是 Da ba dee da

我想這就是他們被稱為藍色的原因吧！

這裡有點紫霧。

表達自己 105

你是天空

觀察通過的情緒

- 你不是你的情緒……它們只是你的一部分。
- 請注意並觀察情緒……它們在你體內何處出現?
- 深呼吸……注意情緒是否改變
- 我注意到我正在擁有某種情緒……
- 命名它們……
- 請記住!每個人都有情緒。

我們不奇怪!

好吧,你說了算,太陽!我以為我是顆大腦。

他只看字面意思!

我怎麼知道?我是一隻隱喻的蜥蜴腦。

情緒與行動之間的空間

　　情緒是整個生命中的資訊來源，它告訴我們在此時此地發生了什麼事，或者是為什麼我們會在此時此地以特定的方式回應。我喜歡心理學家蘇珊・大衛（Susan David）的比喻：情緒就像燈塔，提供數據，引導我們在世界中航行。我們的情緒燈塔是一個天然的引導系統，它提供信號，幫我們在波濤洶湧的海面上航行，避免撞上礁石。當我們的身體和大腦與周遭的世界互動時，我們的大腦會預測它需要如何回應，終其一生，這些資訊都會不斷湧入。到目前為止，我們已經花了一些時間來發現這些資訊和信號，以及更深入了解它們，並且改變我們對情緒的信念，將它們視為我們生活中必要且重要的組成部分。雖然我們無法控制哪些信號會發射出來（哪些情緒會被引起），但我們在如何回應方面可以有更多主控權。我們已經看到，忽略這些信號，代表我們對情緒的反應更有可能讓我們撞上礁石，因為這會增強它們的力量，使我們被情緒驅使，而不是理解和思考如何回應它們。學習退一步，從情緒中創造空間，是我們考慮下一步的關鍵因素。

但是在退一步之前,我們需要與我們的情緒做朋友(或者至少成為有同理心的熟人),要做到這一點,我們需要接受它們的本質。無論我們是否願意,情緒都會進入我們的世界。困難的情緒是頑固的小東西(有時候是大東西),所以當你告訴它們要做什麼時,它們通常會做相反的事情:告訴它們消失會讓它們變得更強大;忽略它們則表示它們會出乎意料地回來。其實,只有一個方法有幫助,那就是接受它們。接受情緒而非與之抗爭,可以與情緒保持一點點距離,這個空間可以幫我們駕馭情緒。要做到這一點,我們需要將信念轉移(請參閱第81頁)應用到我們自己的情緒上,然後承認並接納它們。

將情緒簡單地視為產生的資訊,既不是好的也不是壞的,只是生活模式的一部分,這可能會有所幫助。我們可以將困難的情緒視為人類共同經歷的一部分,而不是讓我們與眾不同或者不正常的東西。另一個有幫助的作法,是認識到情緒和相關的想法不是事實;它們是你故事中的短暫部分,你可以轉移它,並且做出不同的回應。

你也可以將你的價值與情緒分離。情緒不是你:它們只是你的一部分,但不能定義你。我喜歡英國暢銷作家麥特‧海格(Matt Haig)的描述:情緒是雲,而你是天空。這說明

了情緒不是一成不變的,它們來來去去。你比雲大——它們不能定義你,它們只是你的一部分。情緒就像雲一樣有不同的形狀,但是沒有一種是錯誤的,從根本來說,它們是身為人類的一部分,擁有一個與大腦連結的形體,處在一個不斷變化、有時候甚至是困難的世界裡。

接納情緒是許多心理治療的關鍵部分;如果我們開始了解自己的情緒,並且將其視為資訊而非我們價值的指標,我們就更能容忍情緒。我們觀察和允許它們,並且了解它們會過去(事實上,如果我們能容忍它們,它們更會過去),這會讓情緒變得不那麼可怕,這表示我們難以推開它們,而要更與它們聯繫,並且對它們產生好奇心。

把自己看成天空,也會開始與你的想法和感覺產生距離,這是幫你從情緒脫勾的重要技巧(請參閱第 70 頁)。一旦我們注意到並且接納自己的情緒,我們就可以開始站在後方觀察它們,就像那些過眼雲煙一樣。在我們和情緒之間創造空間,會讓我們有機會思考如何回應。這有助於我們容忍情緒,而不是被它勾住,並且讓我們能夠引導自己的反應。注意到情緒並命名它是幫我們脫勾的第一步。

語言的使用看似簡單,卻可以產生強大的影響力,讓我們與自己的想法和感覺分離。與其說「我很憤怒」,我們可

以說「我感到憤怒」或「我注意到我目前感到憤怒」。如此，我們立刻使用我們的語言，讓自己退一步，並將憤怒視為一種感覺而非自己的一部分。同樣地，對於我們的想法，說「我是個白癡」的威力會強過「我正在想我是個白癡」「看啊，大腦，我知道我又在跟自己說我是個白癡的老故事了」，或者只是說「我的大腦正出現電脈衝的模式，當我感到壓力或者犯了錯誤時就會出現。」此外，圍繞情緒創造一個故事也可以幫助解除情緒。這可以透過說出來或者寫下來，兩者都有助於情緒調節。有許多創造空間的技巧被應用在不同的心理治療方式中，我在第 114 頁的「練習 2」中有放入其他一些概念。

保持好奇心並且嘗試理解我們的情緒，是從情緒裡抽身而出的關鍵部分。研究顯示，對情緒充滿好奇心有助於我們處理和回應情緒。一旦我們發現情緒，並為其命名，我們就可以嘗試了解自己發生了什麼事。在那個特定的時刻，你的情緒餅乾麵團是什麼，這些麵團要做成哪種餅乾？你的大腦在預測什麼？你的身體裡發生了什麼事？你的想法在告訴你什麼？背景故事是什麼？過去是否發生過什麼事情，讓你在這種特定情境下，以這種特定的方式做出反應，進而影響你的情緒餅乾？

心理學家將這份食譜稱為「配方」（formulation）。配方有許多類型，但是它們都提供了一個構想，幫你理清和理解你的經驗。我的情緒餅乾配方並不是官方研究的配方，不過它的設計是要找出你的大腦隨時正在構想什麼，並且協助你開始思考原因。我們愈是這樣做，就愈有可能開始看到我們在特定情況下的反應模式，這可以協助我們做出不同的預測，並且知道該怎麼做。然而，重要的是要記住，使我們產生特定感覺的配方，永遠只是一種最接近的猜測或者假設。我們愈了解自己的情緒，就愈擅長這些猜測，但有時候，無論我們如何努力嘗試，都無法找出我們感到有點「嘔～」的**原因**，這也沒關係。我們不必審問和複雜地理解我們的每一種情緒。有時候，我們只需要記住，當我們覺得有點噁心時，背後可能有許多原因和生理機制，而我們並未察覺到所有這些過程。無論你是否能找出原因，去容忍、接受和承認這些感覺，並且思考如何做出最佳回應，都會對你有所幫助。

　　現在我們已經從情緒裡創造了一些空間，接下來呢？還記得心理學家蘇珊・大衛提到的那些書嗎？有時候我們把它們拿得太遠，它們會變得沉重；有時候我們把它們拿得太近，它們會開始讓我們的肌肉疼痛。介於兩者之間的方式就是輕輕地拿著它們。蘇珊將這種方式稱為「情緒敏捷力」

（emotional agility），也就是能夠敏捷地對我們的情緒做出反應。在不同的心理治療裡，這一點被賦予了不同的名稱：接納與承諾療法（Acceptance and commitment therapy）稱之為「心理彈性」（flexibility）；認知行為理論著重於從不同角度觀察你的想法；而正念則鼓勵你退一步，成為你想法的觀察者。

雖然不同的療法可能會使用不同的術語，但是它們都有一個共同的主題，就是鼓勵你退一步，以靈活的方式回應你的情緒和相關想法。在我們的情緒雲霄飛車裡，這能讓我們觀察正在發生的事情、思考它，並且決定如何做出最好的回應。我們可以選擇轉向另一條不同的路徑，而不是困在一條對我們沒用的路徑上。我們可以**隨著**情緒滾動調整，然後考慮下一步要往哪裡走，而不是讓情緒決定我們的路徑。

我們已經介紹了許多幫我們更敏捷的因素——注意、命名、理解、退後一步並且考慮我們的反應。我們可以開始更敏捷的方法之一，就是看看情緒資訊在我們的需求方面告訴了我們什麼。你需要的燈塔信號是什麼，你該如何做出最佳回應？你是否感到疲倦或者有壓力？這些信號是否顯示你需要更多的連結？第 116 頁「練習 4」內有你注意到你的燈塔發出資訊的時候可以問的問題，以幫助思考它在向你發出什麼

信號。在本書的其餘部分裡,我們將探討更多策略,這些策略可以使我們對情緒的反應變得有彈性、實用且符合目的。這些策略能讓我們在艱難的時期暢行無阻,並且欣賞、注意甚至創造邁向美好時光的風景旅程。

練習 1

接納與連結

　　接納你的情緒是允許並容忍它們，而不是推開它們。這是要允許自己不帶批判性地去感受，並且了解這樣做有助於讓你在雲霄飛車般的情緒中穿梭、疏導，和明智地運用你的情緒，而不是讓它們控制你。同理自己的情緒，有助於你與情緒連結並向前邁進。以下是一些有助於接納和與情緒相連結的語句。

1. 注意它。注意到情緒並命名它。此時此刻，這情緒是如何出現在你身上的？
2. 允許它。緩慢輕柔地呼吸，讓情緒就這樣存在。觀察所發生的事。
3. 接納它。提醒自己有情緒並沒關係——它們是大腦和身體運作的正常部分。它們的產生和消失都是生命的一部分。

練習 2

成為天空：創造空間

　　一旦你接受並且連結你的情緒，想像「你是天空」，而你的情緒是飄過的雲。你可以說什麼話使自己成為觀察者，而不是被卡在雲朵中？你可以如何創造空間，並且退後一步？請使用第 106 頁「陽光光芒」中的想法，但是也可隨意加入你自己的想法。

練習 3

情緒的好奇案例

對自己情緒的好奇心，可以幫你了解情緒發生的原因，以及你可以做些什麼。使用下面的插圖來幫你了解自己正在經歷什麼情緒，以及造成情緒麵團的原因。你可以在情緒發生時使用，也可以用來反省一天中的感受。

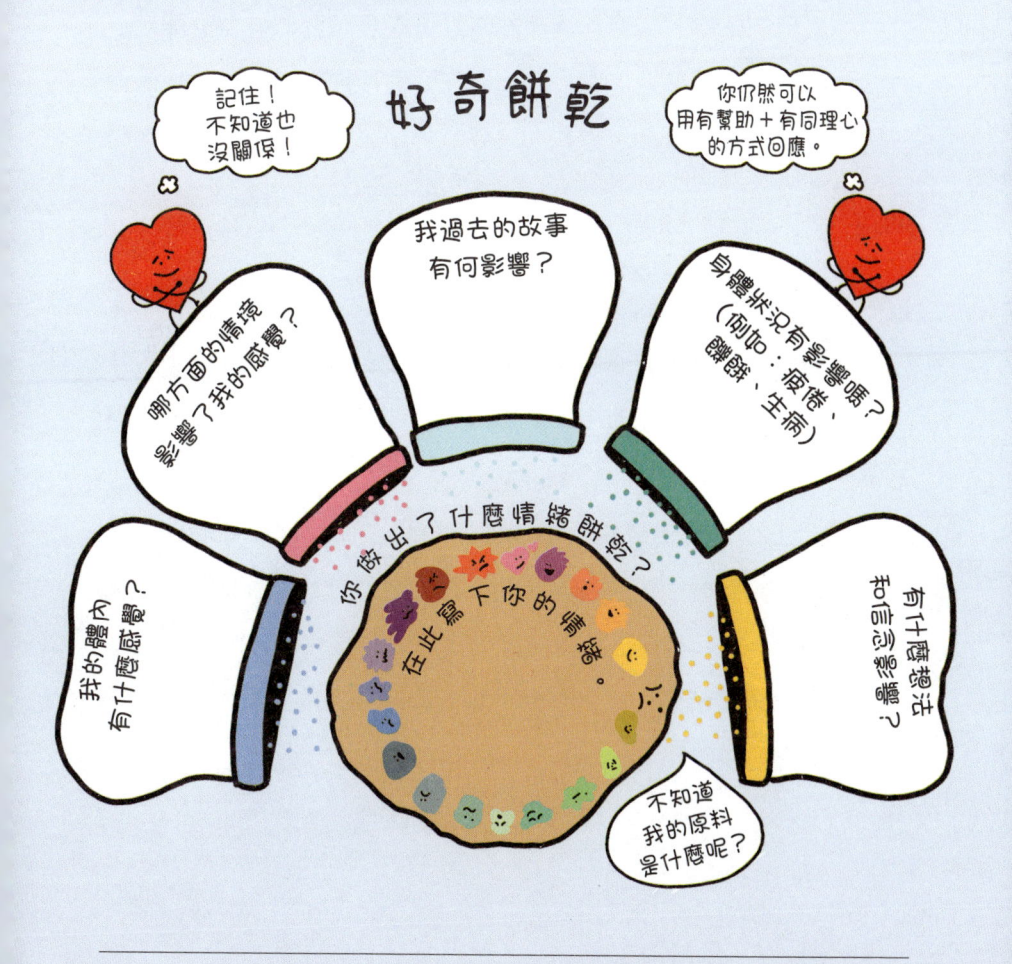

好奇餅乾

記住！不知道也沒關係！

你仍然可以用有幫助＋有同理心的方式回應。

我過去的故事有何影響？

哪方面的情境影響了我的感覺？

身體狀況有影響嗎？（例如：疲倦、餓餅、生病）

我的體內有什麼感覺？

你烤出了什麼情緒餅乾？
在此寫下你的情緒。

有什麼想法和信念影響？

不知道我的原料是什麼呢？

情緒與行動之間的空間　115

> 練習 4

情緒是信號

詢問自己有關下一頁燈塔插圖中的問題，思考你的情緒資訊在向你發出什麼信號，以及你該如何做出最佳回應。如果我們將情緒視為引導信號，它就能指出我們的需求和價值。這個練習不只是針對強烈的情緒，感覺良好的情緒也會提供我們資訊。我們可以利用這一點來考慮我們如何回應，無論是在此時此地，還是在更長遠的人生中。舉例來說，感覺心煩意亂時，可能表示我們需要立即做一些安撫的事情，但是也可能表示我們需要對造成心煩意亂的原因做一些比較長期的處置。也許有人已經越界了，我們需要在未來清楚地了解這一點。

以下呈現一些情緒可能會給你的信號：

我們需要在生活裡讓某事物更多或更少。 例如，孤獨可能表示我們需要更多的連結，而不堪重負可能表示我們需要評估工作場所的需求。

我們正在實現自身價值觀或並未實現；而我們需要以此為基礎。 例如，感到喜悅可能表示我們正在做對我們有價值的事情，而感到受傷可能表示有人正在做不符合我們價值觀的事情。

這件事需要解決。 感到有壓力可能顯示我們需要支援，或者是有壓力源需要我們解決。

這種情緒在發送什麼信號？
這種情緒的功能是什麼？
它是否反映了過去的舊故事？
這種感覺是來自過去還是此時此刻？
這種情緒跟我說了哪些自身需求？
它是否突顯了對我而言很重要的價值觀？
它有凸顯一個需要回應的壓力源嗎？
是否表示某些事情需要改變？
我通常會如何回應這種情緒？
現在回應這種情緒的最有用方法是什麼？
我們只是數據。
咻——呼！看這裡！我來引導你。
走哪邊？
我們會幫你避開礁石。
忽略我們會讓你陷入險境！

感覺良好的情緒
創造你所需要的

冷靜 | 輕鬆 | 充滿活力 | 包容 | 連結 | 同理 | 喜悅 | 參與 | 敬畏 | 驚奇 | 驕傲 | 好奇 | 愛玩

YUAN BEI 華語
完整和完美的成就感

NIKHEDONIA 英語
預期成功時的喜悅或興奮的感覺

EUNEIROPHRENIA 希臘語
從愉快的夢中醒來時的滿足感

BASOREXIA 英語
突然想親吻某人的衝動 ♡

GEZELLIGHEID 荷蘭語
依偎在溫暖如家的地方，被朋友包圍！一種感到被擁抱和安慰的情緒狀態

DESBUNDER 葡萄牙語
玩樂時擺脫拘束

HYWL 威爾斯語
精力充沛或興奮，就像在陣風中馳騁

MUDITA 梵語
聽到別人幸運的喜悅經驗

CHRYSALISM 英語
雷雨天時，在屋內感受到的寧靜與平和

第 4 章
感覺良好的情緒

所有的情緒都是生活所需的，我嘗試避免將情緒分類為負面情緒和正面情緒。然而，我們可以創造出讓我們感覺良好的感覺與相關情緒——所有這些情緒都在情緒指南針的右邊（請參閱第 90 頁）。我們有許多與良好感覺相關的情緒，有振奮（upbeat）也有低沉（downbeat），而且我們知道體驗這些良好感覺與改善幸福和健康有關。當我們的情緒雲霄飛車駛過令人驚嘆的風景時，可能會有振奮的高潮，或者是在寧靜的林木和水域中緩慢地蜿蜒前行，帶來心靈的平靜。然而，你的大腦傾向預測威脅，往往會在雲霄飛車產生情緒時，將你拉向較不愉快的感覺方向。因此，有時候你可能會在不知不覺間衝過令人愉悅的部分，或者是忽略或忘記開車去那些讓你心情愉快的地方。了解情緒和產生情緒的原因，表示我們可以規畫出每天、每星期和每年的路線，駛向我們喜歡的方向。本章的重點在於讓我們感覺良好的情緒，以及我們該如何駕駛雲霄飛車駛向這些情緒。

情緒雲霄飛車上的休息路線

暫停站

如何適當暫停？

在標誌中寫下你的暫停想法

一些想法
- 安排休息時間
- 每小時暫停5分鐘
- 預留午餐時間
- 離桌暫停事務
- 關閉科技產品
- 為你的暫停時間安排良好活動

在標誌中寫下你的休息想法

如何定期好好休息？

休息與感恩路線

雲裡的一些想法
- 睡前關掉手機
- 釐清工作與生活的界限
- 計畫年假
- 安排休息時間

將你的想法寫在水池裡面

寧靜迷你水池

你可以在每天的生活中加入哪些寧靜的片刻？

- 到外面走走
- 聆聽鳥語
- 給植物澆水
- 閉上眼睛片刻

水池內的一些想法
- 專注當下的散步

舒緩情緒

讓我們將焦點放在那些位於情緒指南針右下方,感覺愉快、舒緩或者低活力的感覺。我們用來描述這些狀態的標示往往是平靜、祥和、溫柔和放鬆。你與這些情緒相關的感覺可能會有所不同,但是對許多人而言,它們會屬於指南針的愉快情緒側。它們是我們情緒雲霄飛車的關鍵部分,可以照顧我們的心靈,讓我們的身體預算保持平衡。然而,生活是忙碌的,有無盡的需求。我們匆促前進、計畫、勾選待辦事項清單,以求完成生活對我們不斷的要求和任務。這種永無止境的流動可能會造成「上調」(up-regulated)的警戒狀態,因為我們的大腦會嘗試協助我們處理這些需求。我們常常會長期處於這種上調狀態,長期承受壓力。當我們忘記休息或者做一些讓自己放鬆的事情時,壓力就會不斷增加。

平靜的情緒和其他舒緩的情緒是重要的中途站,可以減緩你的情緒雲霄飛車,幫助它運作良好。這些情緒會讓你的大腦休息一下──幫你放鬆、消化、癒合和調節壓力,並且有助於建立健康快樂的身心。簡而言之,它們可以幫你應付生活丟入你雲霄飛車的、不可避免的壓力。

冷靜（calm）

放鬆、放輕鬆，聽起來很簡單，不是嗎？如果有人曾經告訴你「冷靜下來」（尤其是在你生氣的時候），你可能就會知道要做到這一點有多困難。要讓你的身體產生平靜的感覺並不容易，而且每個人的情況也不盡相同。此外，當我們駕駛雲霄飛車駛向較平靜的路段時，還要面對所有阻礙軌道的碎片——數位干擾、大腦雜訊、社會期望，以及認為放鬆是放縱或懶惰的想法。然而，透過令人放鬆的休息來創造寧靜，已被證明可以減少壓力、增加能量並改善認知，協助我們有效管理身體預算，並且對我們的身體、心智以及由此產生的情緒產生正面影響。

連結（connected）

連結的感覺可以是關於聯繫我們覺得理解、支持和培育我們的人，也可以是聯繫有關共同興趣和價值觀、或共同目標的人。我們也可以透過我們所做的事和所參與的活動，感覺自己連結著對個人而言重要的事物（我們的興趣和理想）。情緒可以引導我們找到自己想在生活裡連結更多的有意義元素。但是，我們的感覺也可能是顯示自身價值觀被違背，或是我們沒滿足自己需求或價值觀的重要指標。以有意義的方

式感受連結的感覺很好，因為它會產生正面的情感、幫助減輕壓力、管理我們的身體預算，並且是改善健康與安適感的最有力因素之一。

包容（contained）

　　包容的感覺是指在表達自己和自己的情緒時感到安全、被聽到並且得到支持。在個人層面上，我們大腦的相互關聯性表示我們交談和互動的對象會強烈影響我們的感覺，因為他們會調節我們的神經系統與產生的情感。讓我們感到被包容的對象，是允許我們去感受的人。這種允許對於協助我們處理情緒、調節和疏導情緒，以便我們能夠應付困難的情況非常重要。它可以解開我們困難的想法，協助我們轉換觀點。然而，感受到包容並不總是涉及到對你情緒的深入探究；它可能只是當你與他人在一起時，他人給你帶來的感覺。

　　成為包容的「容器」也有好處，因為幫助別人會讓我們感覺很好。重要的是要平衡你為他人所容納的量，與你自己所容納的量。我們都需要容器，但是要信任別人可能並不容易，尤其是如果你過去曾經有過困難的經驗時。有時候，這問題只在於找到對的人，有時候則是關於學習信任以便被容納，這是治療關係的基礎。如果你覺得這種情緒很困難，這

舒緩情緒　**123**

是個值得考慮的好開始。

同理（compassion）

當我們同理和理解他人時，會幫助他們調節情緒，並且對他們的感受產生正面的情感。這對我們也有幫助，因為它可以減輕壓力並且產生好感。體驗對自己的同理，不論是透過其他人（這是包容的一部分）或者自己，就像是用一張溫暖、舒適的毛毯包住你的困難情緒，然後給它們一杯熱巧克力。這不一定會讓情緒消失，但是卻可以舒緩情緒，讓情緒不那麼難以忍受。然而，我們對自己的自然反應往往與溫暖的毛毯相反──我們會在情緒低落時踢自己一腳，讓我們的情緒雲霄飛車駛上甫降的軌道，讓我們的大腦和身體感到壓力，並且製造出更多困難的情緒。我們被困在困難的情緒裡，而不是擺脫這些情緒。同理能幫我們了解為什麼會感覺不好，並且接受這些感覺。它對我們的生理也有舒緩的作用──同理能給我們一個平靜的擁抱，降低心率，抑制身體的壓力反應。我們可以培養同理的力量，創造不同的感受，引發不同的情緒，幫自己應付生活上的壓力和挫折。

> 練習 1

情緒雲霄飛車上的休息路線

想想你上一次感到平靜的片刻。當時發生了什麼事？你和誰在一起？找出讓你平靜下來的方法，可以協助雲霄飛車運行更順暢。這些方法可以是直接在你體內創造平靜的情緒（透過呼吸、運動等方式），或者是透過你的情境和行為（處在讓你感到安全的環境裡）。納入小片段的平靜、有效的休息和定期的放鬆，都會對你有很大的幫助。請使用第 120 頁的插圖，想想你應該如何協助雲霄飛車駛過日常安靜的小水池，定期沿著休息與感恩路線蜿蜒前進，或者是停在暫停站。

> 練習 2

你在什麼時候最能感受到連結？

想一想哪些人、哪種價值觀和活動會讓你感到連結，並且將它們記在下面。在你的雲霄飛車路線上，你需要更多嗎？

我覺得有連結的人	我覺得有連結的活動	我覺得有連結的價值

舒緩情緒 125

練習3

識別你的容器

在你的職業生涯和個人生活中,定期的包容都很重要。在工作中,你可以透過同儕支援、指導、監督,甚至只是與你的「容器」共進午餐或喝咖啡,來建立這種關係。在你的個人生活中,你可以花時間與包容你的人相處,並且在需要支援時向他們求助。誰是你的「容器」?是誰讓你有安全感,能夠安全地包容你的情緒?使用下面的插圖來思考你的「容器」。你是否需要在你的雲霄飛車路線上增加任何東西,以確保你感到被包容?

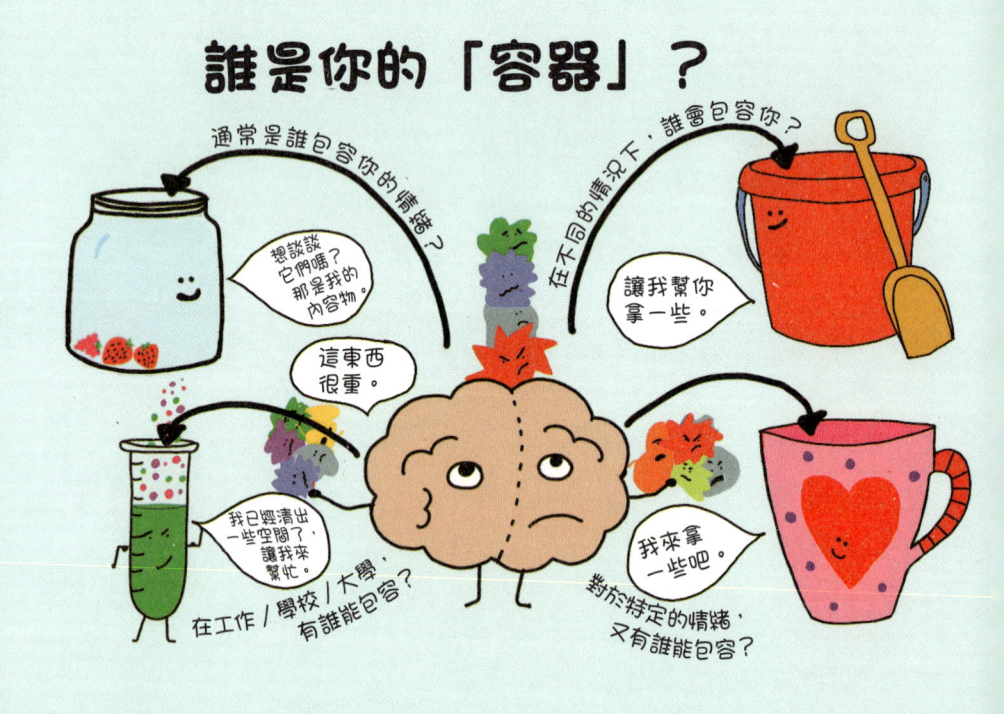

> 練習 4

擁抱你的心

　　對你的情緒雲霄飛車來說，同理是一種雙贏的方式，你可以積極參與製造這種情緒。不要心碎，當個心的擁抱者！使用下面的插圖來識別讓你心碎的傾向，並且提醒自己，有個方法是用同理的力量來撫慰自己的心（和情緒）。

擁抱你的心

別讓我心碎	痛苦	脆弱	又破碎的心
忽略	壓抑	批評	羞愧

擁抱你的心	將我包覆	用你的	同理
認知	了解	親切說話	回應你的需求

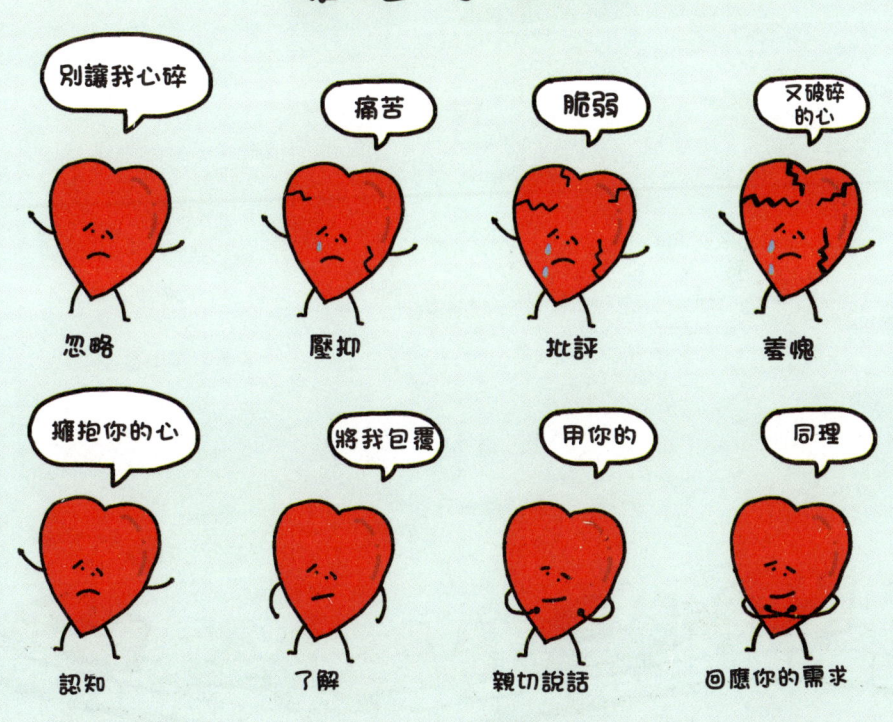

舒緩情緒　127

我是欣賞碎彩紙！你是如何品味喜悅？

我是探索碎彩紙！你是如何找到喜悅？

你可以由以下想法開始

短暫規律、能夠包己享受事物的休息時間

每天寫下值得你小小慶祝的事

請往上看！欣賞星星、雲、建築物和樹木

我是創造力碎彩紙！你是如何創造喜悅？

關閉科技產品＋真正注意到你通常會錯過的細節

拍照＋製作相簿，喚回你的快樂

將每天計畫一些瑣事變當成樂趣

請將你每天灑下喜悅的方式填寫在空白的愛心碎彩紙內。

天天都灑下喜悅碎彩紙！

振奮的情緒

我們現在將你的雲霄飛車移到情緒指南針的右上方象限，來看看與充滿活力和振奮相關的情緒。不過請記住：情緒沒有好壞之分，它們都有其目的。情緒也是獨一無二的，這表示我所描述的一些情緒對你來說可能感覺不同。它們甚至可能在你情緒指南針上的不同位置。此外，情緒通常會並存。我們不會把情緒當成生產流水線，一條接一條；它們會以綜合包形式出現在我們面前，且同一包裡常常會有矛盾的情緒。例如，對孩子的愛可能伴隨著焦慮；興奮可能伴隨著恐懼；悲痛可能伴隨著舒緩；翻看老照片可能會讓人既美妙又傷感地懷舊。

雖然我們在此討論的情緒是我們在雲霄飛車路線上經常希望能製造的情緒，但是在某些情況下，這些情緒可能無濟於事。讓我們以期待為例。這是我們的大腦系統準備好迎接它視為獎賞的結果，這會讓我們的大腦充滿多巴胺，讓我們感覺很好，因此我們會努力朝最終目標邁進。然而，科技公司就是利用這個系統，讓你期待得到「讚」、評論或新文章，並且繼續不斷觀看電視頻道、滑網站和社群媒體，結果可能

會讓你感覺很糟。我們會利用這些良好感覺的行為來避免困難的情緒,例如吃東西來掩飾情緒,或者是做運動來避免承認悲傷的感覺。關鍵在於我們要了解如何利用這些雲霄飛車上的情緒為我們帶來好處,並且以讓我們感覺良好的方式來創造這些情緒,而不是利用它們來否定或者避免不好的情緒。讓我們從認識喜悅開始。

喜悅(joy)

　　喜悅是你坐雲霄飛車時的基本情緒之一,它是指感到愉悅或快樂。它讓你感覺很好,且對健康和福祉有正面影響,甚至可能讓你做善事(研究顯示,當你感到喜悅時,你會變得更有同理心、更開放、更善解人意)。我們可以創造喜悅,從已有的事物裡中尋找喜悅,或者是透過稍微關注喜悅來擴展它。喜悅可能難以捉摸──大腦可能很快地就會忘記那些能帶給我們喜悅的事物,轉移到下一件事,或者是被負面事物干擾。如果我們太努力尋求喜悅,讓喜悅成為我們做任何事的最終目標,它就會消失。如果我們強迫自己要喜悅(「嘿,別擔心,快樂點!」),喜悅也會在壓力下消失。如果我們用喜悅來逃避,最後,當其他情緒又冒出來時,它就會被吞噬。喜悅更希望你能在旅途中盡情享受、而不是嘗

試找到一條目的地是喜悅的路徑終點。喜悅只能在旅程中短暫地出現，因為其他所有情緒也需要一些空間。然而，喜悅不喜歡被暫停，也不認為你應該等待它；它認為它應該是你旅程中重要且固定的一部分。我們傾向於在艱難時期把喜悅推開，但只要你認知到它，並讓它進來，即使在最黑暗的時期也能發現它的潛伏。喜悅喜歡像碎彩紙一樣灑落在你的每一天和旅程的每一處，你可以創造、尋找並欣賞它。

期待（anticipation）

我們已經開始用我們的喜悅彩紙製造期待。在你的一天中規畫一些小小的喜悅，對你的感覺有雙重的好處——你不僅會體驗到（充滿希望的）正面情感，而且你的大腦也會預期事件的發生，這也會影響你的感覺。期待是你預測性大腦的基本情緒之一，為了更了解它，你需要先認識你大腦的獎勵系統。這個系統是為了幫你生存而設計的，方法有透過尋找食物、伴侶、性、安慰或者一杯好茶等。為了幫助生存，它會預期這些獎勵會是好的，從而啟動「多巴胺反應」（dopaminergic response），驅使你的行動，讓你尋找獎勵，並且利用你的記憶來期待未來的獎勵。

然而，對獎勵的期待可能會比事件本身更令人滿足，因

為與找到獎勵相比，在尋找和期待獎勵時，你大腦的獎勵系統被活化更多。這種期待可能會驅使你尋找獎勵的行為，即使獎勵對你沒有好處，甚至毫無幫助。我相信我們每個人都能想到某次的期待出了差錯——即使知道對自己不一定有好處仍追逐抽象的愛情利益；利用社群媒體來獲得實際上不會讓我們感覺好的「讚」；或者是期待週五狂飲夜，但不可避免的宿醉其實毀了我們的週末。獎勵系統與藥物和行為上癮的形成有關，因為它會產生期待的渴望，驅使我們尋求更多的藥物或行為。雖然期待是一種強大且必要的感覺，但是它會驅使我們的行為朝無益的方向發展，因為它感覺很棒。然而，我們可以運用這知識來創造有助益的預期，並且引導我們的雲霄飛車之旅。

敬畏（awe）

讓我們歡迎敬畏來拓展我們的視野，認識我們所生活的奇妙世界，並欣賞我們是多麼渺小又相互聯繫。敬畏可以是指宇宙的浩瀚，也可以是指精巧到讓您屏息的石頭之渺小。敬畏可以讓你跳脫自己的思維，從更廣闊的角度來看待事物。如此一來，敬畏也會讓你覺得自己縮小了：透過將視角轉移到意識之外，你會覺得自己在世界上變小了。但是，這種渺

小感並不是要縮小你身為人的身分；它可以讓你感覺煩惱變小了，讓你的日常生活看起來沒那麼麻煩，與此同時，也能增加你的價值，擴展你的理解和思維。敬畏有助於創造正向的情緒和減輕壓力。我們常常觀看地景、蒼穹和世界微觀之處，並體驗到敬畏之情，而有一份令人著迷的研究顯示，將我們的視覺焦點向外轉移到這種全景模式，可以減少生理壓力的反應。這就是下次休息時，讓你放下手機，將視線從狹隘的焦點轉移到地景的好理由。

驕傲（pride）

差勁的驕傲有不好的名聲──正如俗語（或神話）所說：「驕兵必敗」（pride comes before a fall）。驕傲通常是關於自大、傲慢或者覺得自己比別人優越，這表示當我們掩蓋了自己的成就，掩飾了自己的成功時，我們也藏起了自己的驕傲。諷刺的是，我們最終會因為感到驕傲而羞愧。但是，對我來說，驕傲並不是覺得自己比別人強，而是要認清自己的成就：我們和別人一樣好，我們每天都有掙扎要克服，我們不斷在坐雲霄飛車，在艱難的時刻和情緒中遊走。驕傲表示我們可以慶祝日常的成功，不是損害他人，而是造福自己。同理可能是羞愧的解藥，不過我將驕傲視為羞愧的反面，我

們可以用它來轉換讓我們感覺很糟的情況,並且透過新的視角來看待:「我不應該有這樣的感覺」變成「儘管我感覺很糟糕,不過我還是撐過了這一天」;「我在簡報裡真的搞砸了」變成「儘管我迷失了,我還是成功進行我的演講」。我們需要感到驕傲的不僅僅是好的事情,還包括克服挑戰。驕傲不是傲慢(arrogance),而是肯定自己的所做所為,因為生活可能會很艱難,我們應該為自己如何克服所有的顛簸、崎嶇和落石,繼續沿著雲霄飛車的路線前進而感到驕傲。因此,讓我們把驕傲從陰影裡釋放出來,為自己的成就感到驕傲。用樂團M族群(M People)出身的歌手小海瑟(Heather Small)的話來說:「你今天作了什麼讓自己感到驕傲的事情?」

練習 1

灑下喜悅的碎彩紙

　　喜悅對你來說有什麼意義？什麼事物能帶給你喜悅？有沒有什麼地方，你通常不會預期能創造喜悅（例如在工作中），卻能創造出來？在艱難的時刻，你能讓自己有小小的喜悅嗎？請使用第 128 頁的插圖，尋找想法來創造一把碎彩紙，在你搭乘情緒雲霄飛車時來撒一把。喜悅碎彩紙有 3 種：創造、欣賞和探索。每天空下固定時間，甚至一點點微小的時刻，來做這些事，就可以對你的情緒產生正面影響。

　　創作碎彩紙是關於*規畫*你喜歡的事情。午餐時間到戶外散步、與朋友談笑風生、與同事的下午茶休息。無論帶給你喜悅的是什麼事物，都可以規劃一些來做。不要給自己壓力去感受喜悅（要不然喜悅可能會想躲起來），只要做你平常喜歡的事情，看看它們在某一天的感覺如何，有時可能會與其他天不同。

　　欣賞碎彩紙是指花時間*思考*你所經歷的喜悅。我們的心靈傾向於忽略喜悅，因此花時間欣賞喜悅可以幫助延長和鞏固它在我們記憶裡的地位。想想今天有什麼東西帶給你喜悅──你把什麼事情處理得不錯、哪些經驗讓你覺得很開心？翻看你的照片、寫下來、告訴別人、回想它──所有這些都能擴展喜悅。

　　探索碎彩紙是關於*注意*在你周圍能創造喜悅的事物。在你散步的路上，有哪些花朵正在盛開？你的寵物今天有什麼有趣的動作？你的孩子今天有什麼改變？注意到這些、拍下照片、將它置入記憶中──這一切都有助於創造更多的喜悅碎彩紙。

> 練習 2

創造期待

　　我們都會做一定程度的規畫，不過規劃的往往是我們覺得必須完成的日常瑣事。除了每天的雜事之外，規畫一些值得期待的事情，無論是有趣、輕鬆或令人興奮的活動，都可以協助我們對正面的事件產生期待。當我們想到未來事件、產生期待時，這可增加該事件本身的正面感覺，讓期待再次襲來。事實上，拿出你的日記，看看明天、下星期、下個月，看看你計畫了哪些正面的活動（如果你跟我一樣，你可能會為孩子計畫了許多讓人感覺很好的事情，但卻忽略了你自己的行事曆）。現在，加入一些想法——騰出時間和空間，在未來創造好心情，也在當下創造好心情。不要只計畫你必須做的事，也要計畫你想做和享受的事。如此一來，你就會主動邀請期待進入你的日記，並且讓它對你的雲霄飛車產生正面的影響。

> 練習 3

創造敬畏

　　請使用以下提示，看看如何在日常生活中創造敬畏。你也能將敬畏加入本章的創造期待練習、喜悅碎彩紙練習或休息路線練習。

- 對你來說，敬畏是什麼感覺？
- 什麼事物會讓你產生敬畏或驚奇的感覺？
- 你要怎麼做才能注意到讓你有這種感覺的事物（例如排除雜念、

專注於周遭環境）？
- 你如何將敬畏融入你的每一天？

練習 4

把驕傲放在適當的位置

　　思考你對驕傲的信念。你可以使用第 79 頁「練習 1」檢視對情緒的信念來協助釐清。你是否覺得自己不應該感到驕傲，或者是應該隱藏自己的成就？這對你的行為有什麼影響？你是否寧願跟別人說你做錯的事，也不願意告訴別人你做得好的事？現在，讓我們開始給予驕傲應有的重視。定期做這個練習或許不錯，也許可以作為下班後的例行事項。你可能希望與其他人一起做這個練習，因為讓別人知道你感到驕傲的事物，也是需要練習的。請詢問自己以下問題：

- 我今天做了什麼讓我感到驕傲的事情？
- 我今天有沒有面對任何能讓我引以為傲的挑戰？我今天有沒有對錯誤的事項做出能讓自己感到驕傲的回應？
- 我今天對其他人的回應是否讓我感到驕傲？
- 明天我可以做什麼讓我引以為傲的事情？
- 當我回顧去年的狀況時，我對什麼感到驕傲？
- 如果我從別人的角度來看我的處境，他們會跟我說哪些事情值得我感到驕傲？

感覺不太好的情緒

憤怒 · 易怒 · 焦慮 · 憂慮 · 恐懼 · 悲傷 · 憂鬱 · 嫉妒 · 羨慕 · 羞愧 · 內疚 · 尷尬 · 孤獨

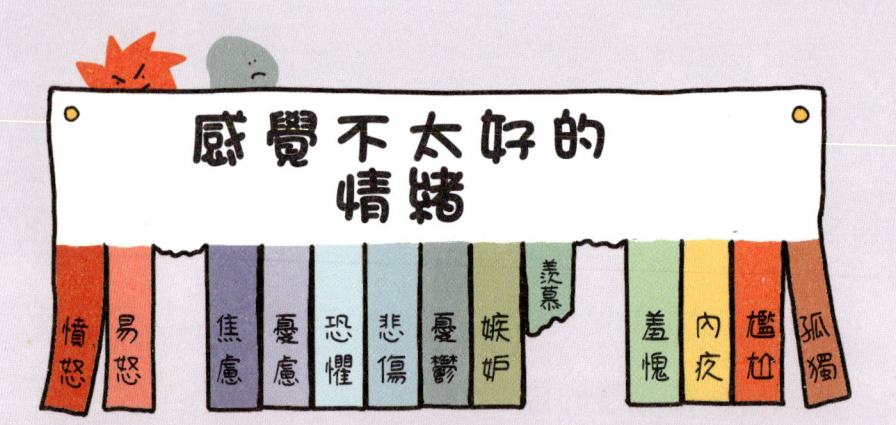

GRENG JAI 泰語
因為怕打擾他人而不願意接受別人的幫助

ESPRIT DE L'ESCALIER 法語
感覺往往為時已晚才想到最完美的回應方式

MISSLIENESS 蘇格蘭語
思念所愛的人或事時的孤獨感

FREMDSCHÄMEN 德語
看到別人做了丟臉的事而一同感到尷尬的感覺

OIME 日語
因欠債而產生的強烈不適感

ELLIPSISM 英語
你永遠不知道歷史結果會如何的悲哀

HUCK MUCK 美語
東西不在正確位置造成的混亂

CROOCHIE-PROOCHLES 蘇格蘭語
在狹窄的空間坐久了之後的心神不寧感

MALU 印尼語
在我們敬畏的人面前感到慌亂

第 5 章
感覺不太好的情緒

現在,我們正坐著雲霄飛車駛向情緒指南針上不愉快側的情緒:悲傷的低谷;會讓人覺得失去控制的焦慮上坡;我們努力尋找出路卻被死胡同淹沒;內疚的低谷;滲入軌道的羞恥感;以及有時候不知從何而來、快速出現的憤怒火山。這些顛簸、低谷和上坡是坎坷不平的人生雲霄飛車車程中不可避免的一部分,我們需要了解並學習如何橫渡這些顛簸、低谷和上坡。我們對艱難情緒的反應,可以讓我們陷入情緒困境,也可以協助我們熬過難關,取決於我們做了什麼事。你可能會認為本章會帶你進入萬劫不復的深淵,但事實上,正視這些情緒並了解我們的反應,是一條充滿希望的高速公路。藉由承認它們是生命的正常部分,我們能開始以不同的角度來看待它們。它們不是厄運的先知,而是指標、提示和信號,讓我們可以用來引導自身行為,並讓未來雲霄飛車路徑朝有利方向前進。當然,還有許多情緒比本章所提到的更困難,不過本章和第 3 章所使用的許多練習,都可以用來幫我們駕馭這些情緒。

焦慮循環

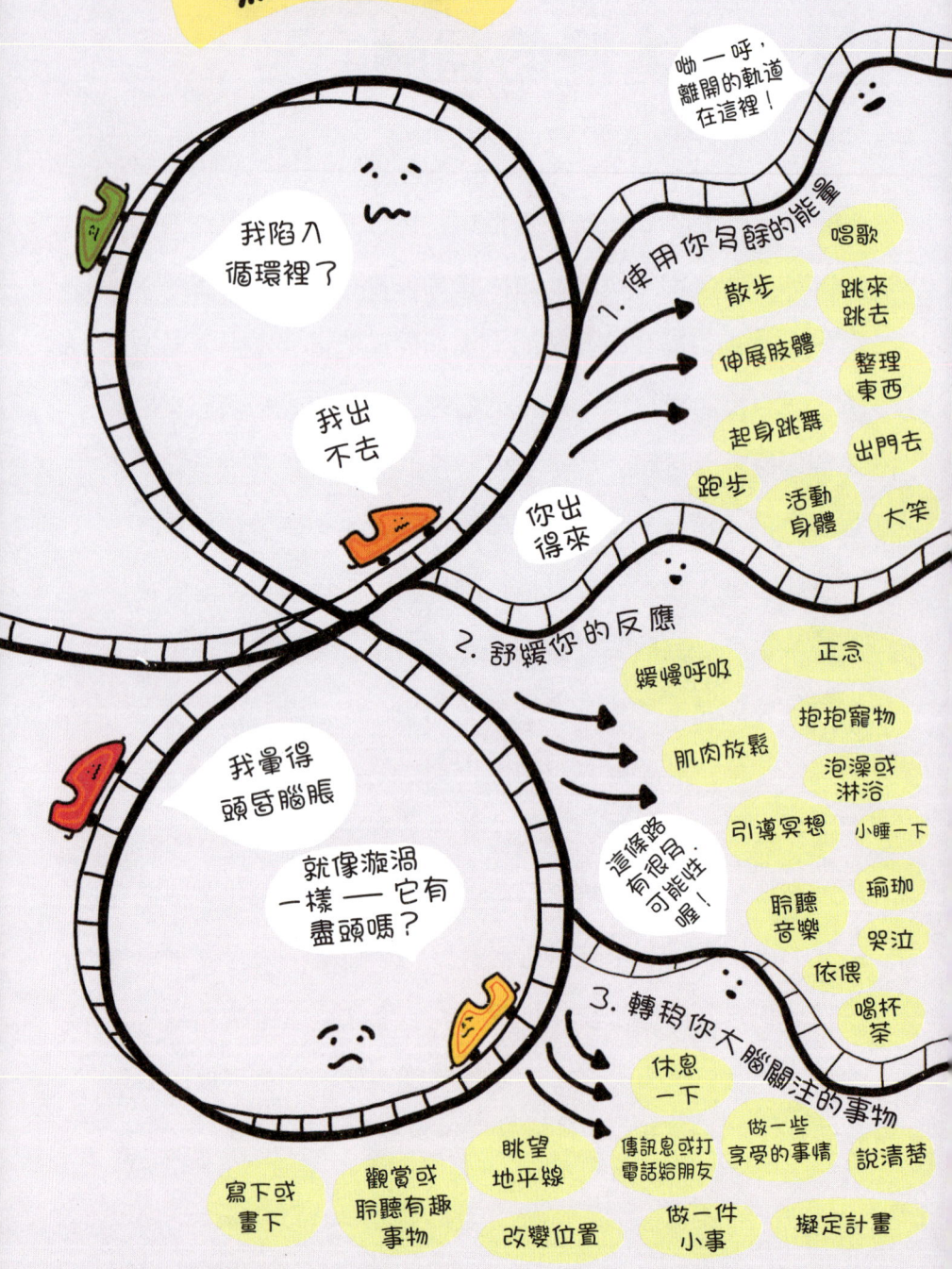

呼一呼，離開的軌道在這裡！

我陷入循環裡了

我出不去

你出得來

1. 使用你多餘的能量
- 唱歌
- 散步
- 跳來跳去
- 伸展肢體
- 整理東西
- 起身跳舞
- 出門去
- 跑步
- 活動身體
- 大笑

2. 舒緩你的反應
- 緩慢呼吸
- 正念
- 肌肉放鬆
- 抱抱寵物
- 泡澡或淋浴
- 引導冥想
- 小睡一下
- 瑜珈
- 聆聽音樂
- 哭泣
- 依偎
- 喝杯茶

這條路有很多可能性喔！

3. 轉移你大腦關注的事物
- 休息一下
- 做一些享受的事情
- 說清楚
- 眺望地平線
- 傳訊息或打電話給朋友
- 觀賞或聆聽有趣事物
- 寫下或畫下
- 改變位置
- 做一件小事
- 擬定計畫

我暈得頭昏腦脹

就像漩渦一樣——它有盡頭嗎？

焦慮與恐懼（anxiety and fear）

　　焦慮是我們用來描述許多身心反應時的標示，例如我們奔騰想法的內容或者我們的胃在翻騰。焦慮表現在我們身上，使我們體驗它的方式，可以有很大的差異——神經緊張、憂慮、擔憂、煩惱、恐懼、驚慌。我們可能會在某些情況下感到焦慮，並且將此標示為社交恐懼（social anxiety）。或者我們可能會因為某些物件而感到焦慮，並且將其標示為恐慌症。對不同的人來說，焦慮是不同的東西，但是我們許多人都會了解或者經歷過某種焦慮。

　　幾乎每個人在經歷創傷情況或重大生命壓力時都會感到焦慮——我們可以想見這點。我相信每個運動愛好者在比賽前都會有焦慮的經驗。如果你詢問要參加考試的人，大多數人都會說覺得焦慮。如果我要舉辦一場焦慮的幻想派對，邀請碧昂斯、蜜雪兒・歐巴馬、提姆・皮克（按：Tim Peake，英國太空人）、大衛・愛登堡（按：David Attenborough，英國自然學家）和比爾・蓋茲出席（嘿，目標要設定高一些啊！），我很確定他們都能描述出他們感到焦慮的時刻。焦慮，以及其概念上的朋友擔心（worry）和恐懼（fear），都是常見的情緒，

其頻率、強度和持續時間各不相同。我們可能會認為焦慮會妨礙生活，但是它的設計目的是要幫助人——讓你發現威脅並準備採取行動，驅使你走向或遠離雲霄飛車路線上出現的事物。焦慮可以幫你發現事情正在出錯，並且提醒你處在壓力大於承受能力的狀態。然而，在我們標示為焦慮的感覺中，其根基的身體反應，對我們的生命來說同樣基礎重要。

焦慮與「戰鬥—逃跑—僵住」反應（'flight, fight, freeze' response）有關：我們的身體根據大腦的預測讓我們做好行動準備，以便提供正確的能量和身體資源。究其根本，這是關於大腦的基本功能：體內平衡，也就是讓身體保持平衡狀態，並明智地使用資源。我們知道，每當我們得應對事物時，無論是尋找食物、應付霸凌者、保持警覺以趕上工作期限，甚至只是起身面對星期一早晨，我們體內永遠都在執行體內平衡。為此，你的大腦會啟動釋放荷爾蒙皮質醇（hormones cortisol）和腎上腺素的信號，使交感神經系統參與其中。這種身體反應有時會造成與焦慮相關的感覺：葡萄糖會被釋放到血流裡，脂肪會被分解以提供能量；呼吸會加快以獲得更多的氧氣；心臟會加速跳動以加速血液流動；瞳孔會擴張；思考會更加集中；感官會更加敏銳；肌肉會緊繃。上述所有現象都會讓身體準備好採取行動以回應任何事情，而大腦也會對其運作功能排出優先順

序。這表示它會降低其他更複雜功能的優先順序，以免這些功能阻礙它達成目標：它會抑制消化、更複雜的思考和規畫，以及唾液分泌（有人口乾舌燥嗎？），甚至縮小你的視野。雖然這類身體反應可能會被標示為焦慮，但是它們不只與焦慮或恐懼有關，也是為了讓你能有效率地度過日常生活，並且使用你的能量來滿足自身需求。啟動你的交感神經系統是保持健康、安全和活力的必要部分。

不過有時候，我們的預測會與需求脫節。這會造成身體系統亢奮，這對我們感覺的方式和長期健康都是有害的，因為它使我們的身體失去平衡。大腦會因為許多原因而過度預測威脅。我們可能正處於充滿壓力的狀況，導致高度警戒狀態，大腦也已準備好預測威脅。如果我們過去經歷過與特定情況相關的創傷或壓力，大腦很可能會在面對類似情況時做出類似的反應，甚至當它發現有些看似無關緊要的資訊（例如氣味或聲音）有類似之處時，也會發生這種情況。高度壓力和創傷的過去也可能導致大腦發展出對威脅可能性更保持警覺的路徑。這就是為什麼在輸入資訊裡，即便僅有微小的相似之處，也會引起巨大的身體反應。這可能看起來不太合乎情理，但是大腦告訴你，基於過去的經驗，你**需要**準備好採取行動。

當大腦預測到威脅，並且在你不需要的時候讓身體和能

量準備就緒，這些能量就會無處可去，然後像不速之客一樣纏著你不放，造成我們可能標示為「焦慮」的情感。這會對你的身體預算造成龐大的需求，讓你感到疲憊、疲倦、厭倦和低落，並且可能影響你的健康和福祉。

我們的大腦也會將生理上的感覺歸類為焦慮，但可能是由其他原因引起。將潛在的胃部或心臟問題標示為焦慮的情況也不是沒有發生過，因為它們所產生的感覺很相似。如果你擔心任何焦慮症狀可能有其他潛在原因，請找專業醫護人員檢查。

焦慮來襲時，我們的反應可以幫我們克服焦慮，也可以讓我們陷入一個難以脫離的循環。焦慮感並不好受，所以我們很自然地想把它埋藏起來，但是逃避表示我們沒有處理問題。這也代表我們永遠無法協助大腦學習做出更好的預測。例如，我們可能會避免社交場合，因為我們相信人們不會喜歡我們。但只要不測試這情況，我們就不會推翻這個理論，所以我們的信念保持不變。有些更微妙的行為也是一種迴避——需要喝一杯酒才能出門社交、尋求永遠的安慰，或者是為了如何處理你害怕的事情而制定廣泛的計畫。儘管這些行動看似可以在短期內減少焦慮，不過長期來說卻會增加焦慮。這些事情在本質上都不是壞事，但是如果它們成為你對焦慮的常用反應，就會變成無益的應對策略。

要在什麼時候將某些事情標示為無益的迴避，並非總是很容易決定。在你需要時，這些事能幫助減少你的心理負荷，還是無益的迴避呢？雖然面對恐懼來協助恐懼，可能聽起來很荒謬，但它有可靠的科學證據支持。如果你逃避害怕的事物，大腦就會持續製造你標示為焦慮的感覺。但是，如果你逐漸習慣害怕的東西，預測就會改變，由此產生的焦慮感也會逐漸減少。結果，你的大腦最終會意識到它正在犯預測錯誤，並且用新的預測來糾正自己。

　　其他事情也會造成焦慮循環。當我們大腦的預測與需求脫節時，所產生的反應會讓我們陷入情緒之中。身體的反應──我們的能量釋放、淺呼吸和心跳加速──無處可去，也沒有按照大腦的預期來使用它們，因此我們被困在其中，它們不減反增，讓我們更加焦慮。以下練習將著重於找到打破焦慮循環的方法。

練習 1

克服焦慮的途徑

你可以使用哪些路徑來克服焦慮,並且給大腦和身體反應前去有用的地方?請使用第 140 頁插圖來協助你注意陷入焦慮循環的跡象,並且思考哪些路徑可以幫你擺脫焦慮。你可以多軌並進。

練習 2

面對你的恐懼

想些你在逃避的事情,並使用以下插圖,思考你能如何一步步面對這恐懼,並協助大腦做出更好的預測。

> 練習 3

坐進你的熱氣球

「戰鬥—逃避—僵住」反應會刻意縮小你關注的事,無論身心皆然,身體方面會會影響雙眼,認知方面會影響大腦過程和由此產生的思考。當你需要時,這會有幫助,但是在不需要時就會變得毫無助益。本練習展示你能如何擴大視野的方式,其比喻根據耶魯大學情緒研究員馬克·布拉克特（Marc Brackett）在英國朗簡·查特吉醫生（Dr Rangan Chatterjee）的 Podcast 中所做。

從這裡來看,情況如何?

讓你的大腦退一步

- 焦慮有讓你覺得情況太過實際情況嗎?
- 我可以找到任何資訊給我不同看法嗎?
- 我是否遺漏了進行得不錯的事情?
- 我是否把注意力放我無法掌控的事情?
- 對於我能控制的事情,我能做些什麼?

我在焦慮什麼?
當我擴大視野時,這件事是否值得佔用我腦內的空間?

他們非常小

親愛的,誰把孩子縮小了?

憤怒火山

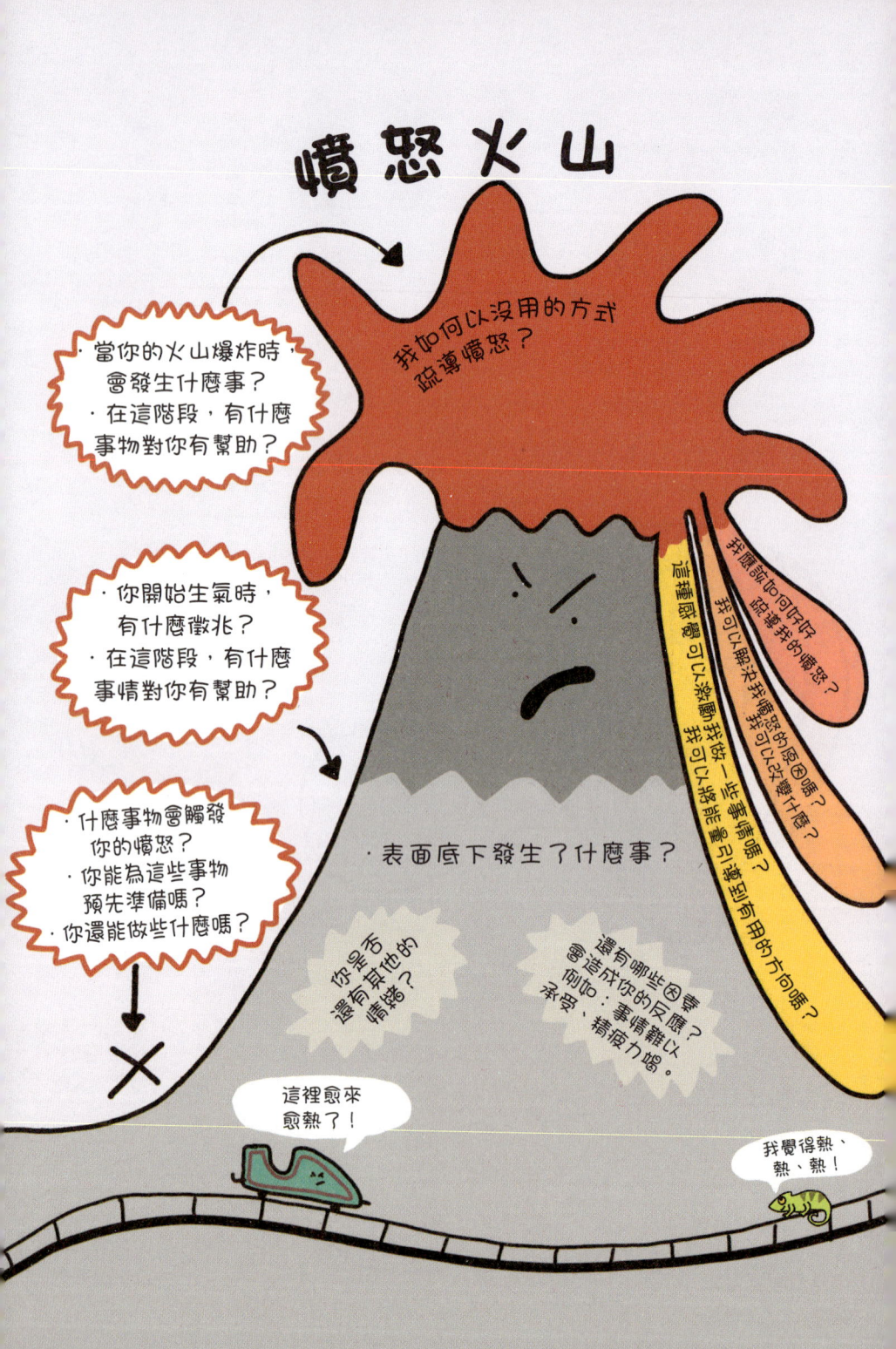

- 當你的火山爆炸時，會發生什麼事？
- 在這階段，有什麼事物對你有幫助？

我如何以沒用的方式疏導憤怒？

- 你開始生氣時，有什麼徵兆？
- 在這階段，有什麼事情對你有幫助？

這樣做可以幫助我做一些事情能導引到有用的方向嗎？

我可以詢問任何人可以幫我疏導我的憤怒？

我可以尋求憤怒的原因嗎？我可以改變什麼？

- 什麼事物會觸發你的憤怒？
- 你能為這些事物預先準備嗎？
- 你還能做些什麼嗎？

表面底下發生了什麼事？

你是否還有其他的情緒呢？

還有哪些因素會造成你的反應？例如：事情難以承受、精疲力竭。

這裡愈來愈熱了！

我覺得熱、熱、熱！

憤怒（anger）

憤怒如何出現在你的情緒雲霄飛車上？它是不是一座迅速冒出的巨大火山，造成破壞、讓你的雲霄飛車出軌卡在軌道上？它是不是被壓下來、暗中冒泡到爆發的挫折感，有時只是因為一些通常不會困擾你的隨機事件而突然爆發？它會不會在工作會議中一波波地湧現？它是否是你表達其他情緒（例如失望、受傷和尷尬）的主要方式？憤怒是否只會在私下出現，例如在車內或上網時？也許你被告知憤怒是一件羞恥的事，所以你把它藏得很深，有時候你會感受到它遙遠的回音，但卻不知道自己真正的感受是什麼。這種感覺甚至可能與焦慮等其他情緒類似，因為它們的生理機制通常相似，但是我們傾向於以不同的方式標示和理解憤怒。當然，上述所有事情都有可能是憤怒，雖然憤怒不是一個包羅萬象的術語；但它包括多種可能的反應和感覺，以及各種可能的原因和後果。

現在想想是什麼導致了憤怒。憤怒通常是對不公平的回應——在你坐雲霄飛車的時候，你覺得你被不尊重或削弱了，突然，前方出現了一個銳利的軌道，你還以路易斯・漢米爾

頓（按：Lewis Hamilton，F1賽車手）的速度加速前進。也許是你覺得自己身處險境，或者是你關心的人事物正處於危險且需要保護。也許是因為看到你強烈擁護的價值觀被踐踏。在我的雲霄飛車上，有件事情保證會引發火山爆發，就是有人毫無必要地把車子停在殘障車位上。我覺得這是極度自私的行為，也讓我非常憤怒。當然，大腦其實沒有憤怒按鈕。它是透過預測來創造這些感覺，而你是透過在你所處的情境裡理解這些感覺來創造你的情緒。在許多憤怒的例子中，你的大腦預測你需要能量來處理任何即將到來的不義、違法或者風險。

　　憤怒也可能是我們經歷其他情緒後所產生的感覺和反應，尤其是當我們試圖壓抑這些情緒或者沒有辦法表達出來時。傷害、失望、羞愧或尷尬可能是你造成你岩漿開始冒泡泡的原因。它可能會像啤酒上面的泡沫一樣溢出來，因為表面底下發生太多事情使使泡沫外流。如果我們正經歷艱難的時刻、感受到其他巨大的情緒或者經歷太多壓力，我們的泡沫可能會因為一件小事情而噴發，而如果我們不了解冒泡的表面下發生了什麼事，就會覺得這狀況很奇怪。如果我們已經處於上調的警戒狀態，我們也更容易在下列情況爆發憤怒：在運動比賽中興奮、完成高強度訓練、承受極大壓力，甚至在天

氣非常酷熱時。有充分證據顯示，家庭暴力事件會在運動比賽期間上升，這可能是因為人們已經被強烈的感受上調了警戒，使得他們更容易以憤怒來回應。若加上會降低抑制力的酒精，會變成一個有毒的混合體。情境也會降低抑制力——與一群人做相同行為、坐在汽車駕駛座內或上網，似乎都會降低抑制力。因此，我們的大腦似乎更有可能發出預測，導致感受或表達憤怒。我們在網路上看到的行為，有多少是在現實生活裡不太可能看到的呢？

我們表達、壓抑、調整憤怒的方式可能會毫無幫助。在以我們過去經驗與當下發生事件為基礎的特定情境中，我們大腦的預測可能會失常。有時候我們會生氣，卻不知道為什麼。有時候我們的期望不切實際（對自己和其他人），當這些標準無法達到時，我們就會生氣。如果我們認為憤怒是無法接受的，我們對憤怒的信念可能會讓我們壓抑憤怒，或反過來，若我們認為憤怒是一種主要且可接受的情緒時，這信念會促使我們表達憤怒（傳統上是男性的情緒——研究顯示，男孩和女孩從年幼時開始就被社會化，以不同的方式表達憤怒，男孩的表達方式更為明顯）。如果我們白天把惱人的事情憋在心裡，回到家後卻以過度大喊大叫和咒罵的方式發洩出來，這可能會對我們的人際關係造成負面影響。如果我們

正經歷高度壓力，或因睡眠不足等因素導致防衛心下降時，我們可能會因此變得暴躁易怒。我們已經處於上調狀態，不需要太多推力就能將泡沫從玻璃杯中擠出，導致我們做出不符合個人性格或不太引以為傲的行為。

當然，憤怒也不全是壞事。世界上許多正面的改變都是由於對不公義、歧視和不公平的憤怒所帶動的。羅莎・帕克斯（Rosa Parks）對種族歧視的憤怒導致她在公車上坐著不願離開（按：當時她不願讓座給白人，導致被逮捕）。格蕾塔・童貝里（Greta Thunberg）對於氣候變遷的憤怒驅使了她的環保運動，對世界產生了正面影響。憤怒可以給予我們能量和動力，最終改善未來世代的情緒雲霄飛車所經過的世界。

憤怒時常會導致次級情緒。我們對憤怒的看法或盛怒下的行動所造成的尷尬，可能會導致經歷憤怒時感到羞恥。我們可能會為自己的言行感到後悔。這可能會讓我們在之後一有憤怒就掩飾，這可能偶爾有效，但是當我們的認知資源不足以抑制憤怒時，憤怒很可能會在某個時候洩漏出來。最後，當你經歷憤怒時，最好能注意到它背後的因素，並且尋找方法來了解和好好疏導你的憤怒。事實上，了解你的憤怒可能會改變你的世界，甚至整個世界，朝向更好的方向。

> 練習 1

是什麼刺激了你的憤怒火山？

請使用第 148 頁插圖來協助你思考是什麼事物引起你的憤怒火山爆發。知道什麼事物會觸發你的憤怒，可以幫你主動規畫各種情況的應對方式。記下你開始生氣的跡象，並且思考可能有幫助的策略。當你的火山爆發時，請使用簡單的策略，因為此時你的思維負荷會過重，無法處理任何複雜的事情。請平靜生理反應：慢慢吸氣 3 次，呼氣 4 次。然後走出當下環境；並用快速的體能活動來消耗你的能量——如果有幫助的話，甚至可以在安全的地方大喊大叫。

> 練習 2

火山頂端的熔岩

通常，憤怒是在很多其他事情發生的時候出現的，也可能是其他情緒的表達上。向下挖掘熔岩的下層，可以幫助找出需要解決的問題。請使用第 148 頁的插圖來思考表面下發生的事情。

> 練習 3

疏導憤怒

你無法永遠阻止憤怒的產生，但是你可以思考如何有效地疏導憤怒。請使用第 148 頁插圖裡的問題，思考如何將你的憤怒轉移到有用的管道。

壓扁悲傷

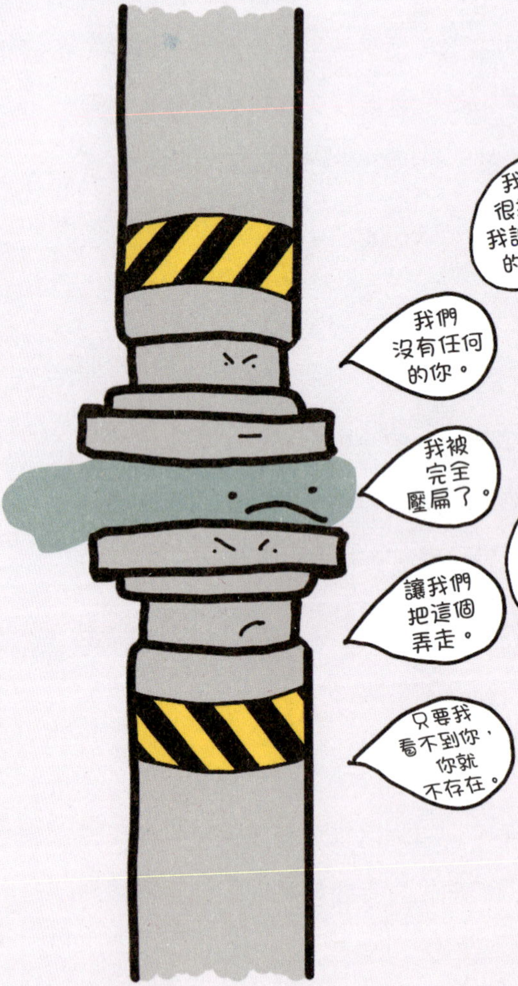

給悲傷一些空間

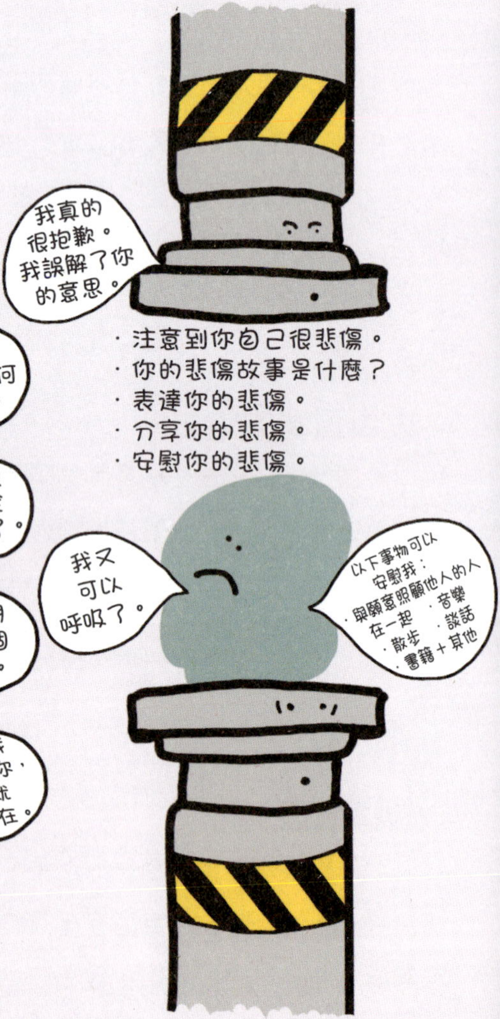

悲傷（sadness）

如果你能為我找到一個從未感到傷心的人，我會非常驚訝。悲傷是人類體驗中不可或缺的一部分，導致它的性質（是幫助還是妨礙）在歷史上一直備受爭議。感到憂鬱、絕望、悲慟和許多其他的標示，已經成為情緒的構想，我們用它來描述情緒雲霄飛車上被各種拋出的石頭所造成的、無可避免的感受。你甚至可以說，以某種形式體驗悲傷是相當普遍的。

悲傷會在各種不同的地方出現，我們能預料到雲霄飛車上的飛石有悲傷、損失、痛苦、疼痛、疾病、壓力和不堪重負。然而，它也會在意想不到的時候出現，當我們以為自己應該感到積極時：生日慶典提醒我們已經過去的時間；你期待已久的嬰兒被生下時的快樂，也會夾雜著要照顧新生嬰兒的現實悲傷；期待已久的退休生活，雖然自由在招手，但卻因為缺乏例行公事而失去光澤。悲傷通常用來形容一種短暫的情緒，但是它也可能因為憂鬱而成為我們生活裡的長期部分（雖然這並不總是指悲傷 —— 它也可能是感到空虛、缺乏希望或正面情緒，或完全缺乏情緒）。最近的流行病學研究顯示，我們許多人一生中都會經歷一段長時間的低落情緒。

因此，悲傷是生活的一部分，因為我們的情緒腦會在這個難以預測且困難重重的世界裡跌跌撞撞。我們需要學會悲傷；然而，我們往往不知道如何悲傷，或不允許自己如此。

我猜我們很容易就能找到真的很難過卻假裝不傷心的人。這就是這種情緒的其中一種諷刺之處——它是生活中如此普遍的一部分，但我們卻常常否認它的存在。也許是因為它似乎與我們許多人所追求的快樂情感直接對立。然而，在現實中，悲傷和快樂結合得比我們想像更緊密，而且它們並非互相否認。我們會在使我們快樂的事情中經歷悲傷，而我們甚至也會在生命中最黑暗的時刻體驗到快樂。認為悲傷是某些內在失敗的信念——缺乏應付或好好生活的能力——可能會造成悲傷經驗的窘境。我們只尋找正面氣氛時，我們的核心應對策略可能是用忙碌、成就、強迫的積極甚至是藥物來將悲傷推到一旁。如果上述話語引起了你的共鳴，請使用第74頁「練習1」來具體檢視你對悲傷的信念，並且打破雲霄飛車路上的任何迷思，這會對你有所幫助。試著將悲傷從情緒雲霄飛車趕下來，對我們來說並不是一件好事：這會讓我們在認知上很費力，造成壓力，而且無法讓我們處理和了解我們的情緒，或者處理它想要向我們傳達的訊息。它會不斷地冒出來，而且很可能會擴大，並且持續更長的時間，試圖讓你

注意到它。

　　悲傷的另一個諷刺是人們認為它是徒勞無功的。文化訊息暗示快樂是你的選擇（這是責備對立選擇的暗示），而這也可能助長了你對悲傷的信念。你是否將傷感視為沉溺？哭泣是可憐的，你不應該讓全世界看到你的悲傷嗎？當我在青少年時期看傷感電影而拒絕哭泣時，這肯定影響了我的信念和行為。諷刺的是，哭泣會釋放「內啡呔」（endorphin），讓我們感覺更好。這甚至可能會讓我變得更酷一點（或至少讓別人對我有好感），因為其他人通常會對脆弱感同身受。研究指出，經歷悲傷甚至可能對我們有幫助。悲傷可以突顯一些問題：它表示我們可能需要做一些事情來幫我們應付生活裡正在發生的事情。它也可以是一種連結的情緒，協助我們建立連結。當我們看見別人身上的悲傷時，這可能是一個信號，讓我們支持他們渡過難關。

　　悲傷也可能讓我們體驗到快樂，因為我們只有比較過困難的情緒，才能欣賞到快樂的感覺。我曾經與許多人共事，他們在經歷困難時期後，發現自己與對自身有意義的事物有更多的連結。因此，悲傷可能會協助我們放慢情緒雲霄飛車的速度，分析錯誤之處，這可能會幫我們向前邁進。

　　一如所有的情緒，悲傷也與身體的狀況有著密切的關係。

最近有一項有趣的研究探討了悲傷與免疫系統的關係。當我生病時，我會感到無比的悲傷。生病時會感到難過，這似乎與身體產生的免疫反應有關。當身體不舒服時，身體會發炎來癒合傷口或應對生存威脅（例如細菌和病毒）。然而，其影響之一可能是讓我們的大腦和身體變得緩慢，進而產生包括疲倦和想要退縮的感覺，也就是我們概念上的悲傷。在演化論的思維裡，退縮不僅能讓你休息和休養，也可能對周遭的人有所幫助，因為它會發出你需要支援的訊息，或者是讓你與常相處的人分離，從而減少感染的傳播。長期的壓力也會產生類似的免疫反應，這可能就是為什麼我們會在這些情況下產生倦怠、疲勞或情緒低落的反應。

　　因此，悲傷可以是一個有益的角色，而相信這一點或許會讓我們允許它進入生活中，給它空間，而不是將它推開。我們回應悲傷的方式，通常是由我們對悲傷的信念決定，這可能會幫助我們，也可能會讓我們更難處理悲傷。掩飾悲傷表示人們不會知道我們需要支持。如果我們假裝情緒雲霄飛車的輪子仍然可以運作，那人們就無法幫忙修好它。我們對悲傷的反應通常是由悲傷本身的衝擊所驅使。它會引發令人沉思的負面想法，目的是要將你的注意力引導至問題並且解決問題，但是這些想法卻會勾住我們，讓我們難以走出困境。

雖然這些想法是我們情緒的產物，不過我們會因為自己的感受而自責，這只會讓我們更進一步陷入悲傷。我們的大腦會固著在問題上，而且因為大腦會降低彈性和新學習，我們看不到走出悲傷隧道的方法。我們對未來的預測會受到情緒的影響，我們會預測自己不會喜歡任何事，所以什麼都不做，這會進一步影響我們的情緒。悲傷所造成的過程會把我們推進更深的悲傷隧道，有時候甚至會把我們導入一個黑洞，我們在那裡覺得失去了希望，看不到任何爬出去的方法。如果你發現自己身陷黑洞，那麼可能需要專業協助。如果你擔心憂鬱症，請與健康專家討論可能的支援和／或治療。

　　以下練習是設計來幫你在搭乘情緒雲霄飛車時駕馭悲傷。你會注意到，這些練習並非試圖解決悲傷，而是允許悲傷並考慮如何做出最佳回應。當我們經過憂鬱的草地、在陰沉的天空下或者穿越絕望的沙漠時，我們不能閉上眼睛假裝它沒有發生，因為這會讓車廂更容易卡住。如果我們給予這種情緒應得的空間，我們就不容易被它的方式鉤住，而更有可能找到我們的出路。

練習1

給悲傷一些空間

你有沒有嘗試壓抑你的悲傷？你如何給你的悲傷一些空間來呼吸，並且讓你自己能夠認出、看見和了解它？請使用第154頁的插圖來思考你能如何做到這一點。

練習2

尋找光點

情緒的本質是短暫的。我們可能在覺得很糟的時候，仍然可以從漂亮的花朵或者有趣的笑話中裡得到喜悅。這並非不協調，而是我們不斷變化和混雜的情緒本質。困難的情緒可以與正面的情緒並存。然而，當我們感覺不佳時，有時候我們需要允許自己在感覺裡發現和感受美好的事物。這些喜悅、放鬆或歡笑的點對於幫你度過艱難時期非常重要：它們是可以引導你穿過悲傷隧道的小小的光。當你在受苦時，你可能需要鼓勵自己的注意力去尋找能使你感到愉悅的美好事物，即使僅是短暫的時光也好。看看花園裡盛開的花朵、聽聽孩子們的笑聲、在陽光下享受一杯香濃的咖啡、在花園裡散散步。即使只有短短幾分鐘，也要讓自己沉浸在讓你感覺美好的事物中。你的大腦可能會告訴你不要這樣做，不過你可以找到一點點的意義、愉悅或放鬆，為你提供指引。

> 練習 3

調整情緒頻道

當你感到悲傷時,你會更容易自我批評、找出錯誤或者看到最糟糕的情況。海倫・羅素(Helen Russell)在她的著作《就算悲傷,也還是能夠幸福》中,稱這種情況為她自己的「屎頻道」(Shit FM)。當我們感到悲傷時,我們的收音機都會調到屎頻道——播放的音樂因人而異。當你意識到自己的收音機已經調到「屎頻道」時,你就可以協助自己找到有幫助的回應方式,而不是相信它對你說的話,讓它將你進一步推入悲傷的隧道。

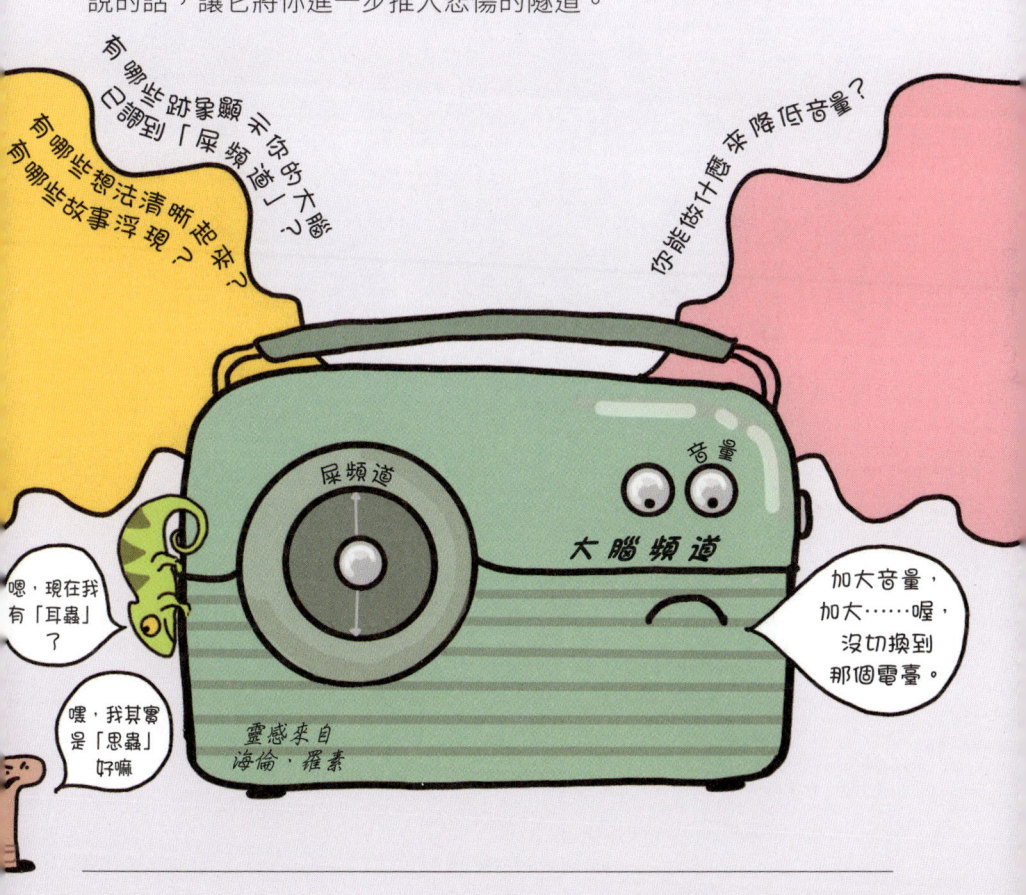

有哪些跡象顯示你的大腦已調到「屎頻道」?
有哪些想法清晰起來?
有哪些故事浮現?

你能做什麼來降低音量?

屎頻道
音量
大腦頻道

靈感來自
海倫・羅素

嗯,現在我有「耳蟲」?

嘿,我其實是「思蟲」好嘛

加大音量,加大……喔,沒切換到那個電臺。

悲傷(sadness)

我毫無價值。

沒有人是這樣的。

我不配得到好東西或被愛。

我從根本上就有地方不對勁。

發生的壞事都是我的錯。

每個人看到我的真面目，他們會拒絕我。

我無法向任何人表達我的真實感受。

羞恥隨著隱藏而增長

內疚和羞愧（Guilt and shame）

內疚和羞愧可以被認為是一種指標，它們會跟我們說我們做錯了某些事並需要修正，或我們沒有做自己應該做的事情，或我們沒有達到自己或他人的標準或期望。這些情緒可以協助我們活在自己的價值觀之中，並且在更廣泛的情境下創造運作良好的社群。當我們的情緒雲霄飛車偏離航道時，這些情緒可以協助我們回到正軌。

有時這些指標會指錯方向。它們會像壞掉的指南針，指向我們感到羞愧或者內疚的事情，而我們根本沒理由有這種感覺。我們會因為一些我們沒有責任的事情而自責。當我們無法達到社會所設定的標準時，我們會感到內疚，但是事實上這些標準並不適合我們。或者當我們嘗試按照一套不切實際的「應該」生活時，我們會感到內疚，而這些「應該」是沒有人能夠達到的。事實上，你可能曾經因為某些事情而被別人羞辱。因此你認為自己犯了錯，或是自己**就是**錯誤，這會導致艱難的情緒潛伏於底下，往下長到深處，使你找不到方式反駁。人們會讓我們因為無法達到他們不切實際的標準而感到內疚，因此我們會更努力地嘗試達到他們的標準，但這是有害的。你可能在學校

因為某些特質而被嘲笑或者被霸凌，這會讓你產生羞恥感，儘管這些特質在本質上並沒有錯。

在孩童時代，我們特別容易將並非自己過錯的事件內化並且責怪自己，多年後我們可能會因此感到內疚或者羞愧。這些事件可能是可怕的經歷，例如虐待或父母離異等其他艱難的生命事件，我們在這些事件裡毫無責任，卻覺得自己應對此負責，這種感覺會一直瀰漫到成年，尤其是當這種感覺被隱藏起來時，它就會成長茁壯。

羞愧感和內疚感經常被交替使用，還有尷尬和羞辱等字眼。你對這些單詞的概念可能與其他人不同，而對於這些單詞的意義也有各種不同的想法。我覺得布芮尼·布朗（Brené Brown）的概念很有幫助，她用以下方式區分了內疚和羞愧：內疚是指你做了錯誤的事，「我犯了錯或做了壞事」；羞愧是指你就是錯誤，「我是個錯誤或我很壞」。這就是我在這裡談到內疚和羞愧時要使用的概念。

有時候，心存愧疚會很有幫助，因為它會讓我們意識到我們什麼時候沒有達到自己的價值、傷害了別人或者做了我們想要改變的事情。內疚感可以讓我們知道，我們違反了自己的行為準則（通常是不成文的），也就是我們想要成為什麼樣的人，以及我們想要如何行事。然而，有時候我們需要質疑我們所設

定的期望水準,這些設定可能導致我們感到內疚,但不是因為我們做錯了什麼,而是因為我們**覺得**自己做錯了。如果我們設定了不切實際的期望,內疚感就會變得太頻繁且毫無幫助,它們也會妨礙我們做有益的事。舉例來說,有種模糊的期望是我們應該做更多事情(在此情境下,這種設定可能源自於生產力相關的文化),表示當我們處於非常必要的停工時間時,我們可能會感到內疚,或者我們最終總是說抱歉,有時候只是為了自身的存在而道歉。期望我們把事情做得完美是非常不切實際的,而且會造成不可避免的內疚,因為我們每個人都會犯錯。

我們也需要思考我們正在努力滿足誰的期望。為人父母就是一個很好的例子。當我們為人父母時,有時候會覺得好像有個內疚仙子在不斷告訴我們做錯了什麼。這在某種程度上會有幫助,因為養育孩子畢竟是一項重要的工作,我們想要嘗試把它做好。但是我們的內疚仙子可能會很快失控,幾乎批評我們所做的每一件事,但明明我們做得很好,有時候我們做錯了,但還是在學習,每個家長都是如此。我們的高期望值可能是由社會所設定的,社會認為父母應該隨叫隨到、輕鬆、冷靜、絕不大聲喧譁,而孩子則應該時時刻刻都乖乖聽話。我們需要發現我們的期望在什麼時刻就已經被設定,並且要決定自己是否同意這些規則,或者它們是否只是製造了錯誤的內疚感。

持續掩蓋羞愧感時，它會在暗中造成巨大的破壞。它會不斷成長，只要我們持續隱藏令自己羞愧的弱點，因為我們認為分享它們會證實自己的信念：我們從根本上就有缺陷，而且在某種程度上與其他人不同。我們可能會覺得自己不值得被愛，不值得獲得成功，或是不夠好到適合現在的工作。

　　雖然羞愧感本身並不是壞事，但是我們需要認識到自己有哪些地方是應該感到羞愧的，並且尋求改變自己的行為。這樣一來，羞愧感就有能力改善我們的生活，以及那些在人生旅途上與我們交會人們的生活。然而，面對合理的羞愧感是非常困難的，即使它在幫我們為自己的行為舉止負責也是如此。當我們看見自己內心不喜歡的東西時，我們會很自然地想要避開它，並且將它封存起來；這就是為什麼它可能會導致攻擊、責備別人、上癮或心理健康問題。

　　不過，羞愧感往往指向一些並非我們負責、我們卻自認應該負責的事情，這是因為我們經驗如此，或從小就聽到這樣的說法。被虐待或被霸凌往往就是這種情況──我們將其內化，使其成為關於我們個人的根本問題，導致我們將羞愧藏起來。這種羞愧感通常需要進行治療來揭露，並找出責任所在。羞愧感也可能是由那些驅使內疚感的社會期望所驅使：成為最好的母親、父親、員工、妻子；擁有理想的房子。最後，羞愧感通

常與我們的自我價值掛勾。我們認為自己應該有特定的行為，當我們沒有這樣做時，我們就會跟自己說自己出了問題：我們隱藏自己的弱點，以免讓全世界看到我們的缺點。我們可能會在一些脆弱的事物上尋求價值，例如完美的家庭、人際關係和持續的成就。然而這些東西往往是無法實現的，或至少非常容易有變化，因此當我們無法實現這些事情時，我們很可能會感到更糟糕。

羞愧感與心理健康有著密切的關係。我們會因為感覺不好、傷心或擔心而感到羞愧，而這種羞愧感會製造更多的困難情緒，並且助長不良的心理健康。這與我們在第1章中談到關於情緒的迷思有關：我們應該一直都感覺很好。事實並非如此，我們每個人都會經歷困難的情緒，而且我們當中的許多人都會在某個階段經歷不良的心理健康。改善心理健康的一個重要部分就是透過揭露、分享和讓他人感同身受來減少人們的羞恥感。

把羞愧感從黑暗裡拉出來，拉到光亮中，它就會縮小；你會認知到你不是錯誤，了解到你跟其他人沒什麼不同，並且發現有許多大眾經驗符合你自己的經驗。這一步可能會很可怕，但很勇敢，如果羞愧感很強烈，或你有過非常困難的經驗，可能需要先在安全的診間裡進行。

練習1

剝開羞愧的層次

　　這個練習將檢視你對自己設定了什麼期望，以及你將責任放在什麼地方，以剝開羞愧的層次，找到羞愧感的核心。使用下面的插圖來協助你更詳細地考慮這個問題。

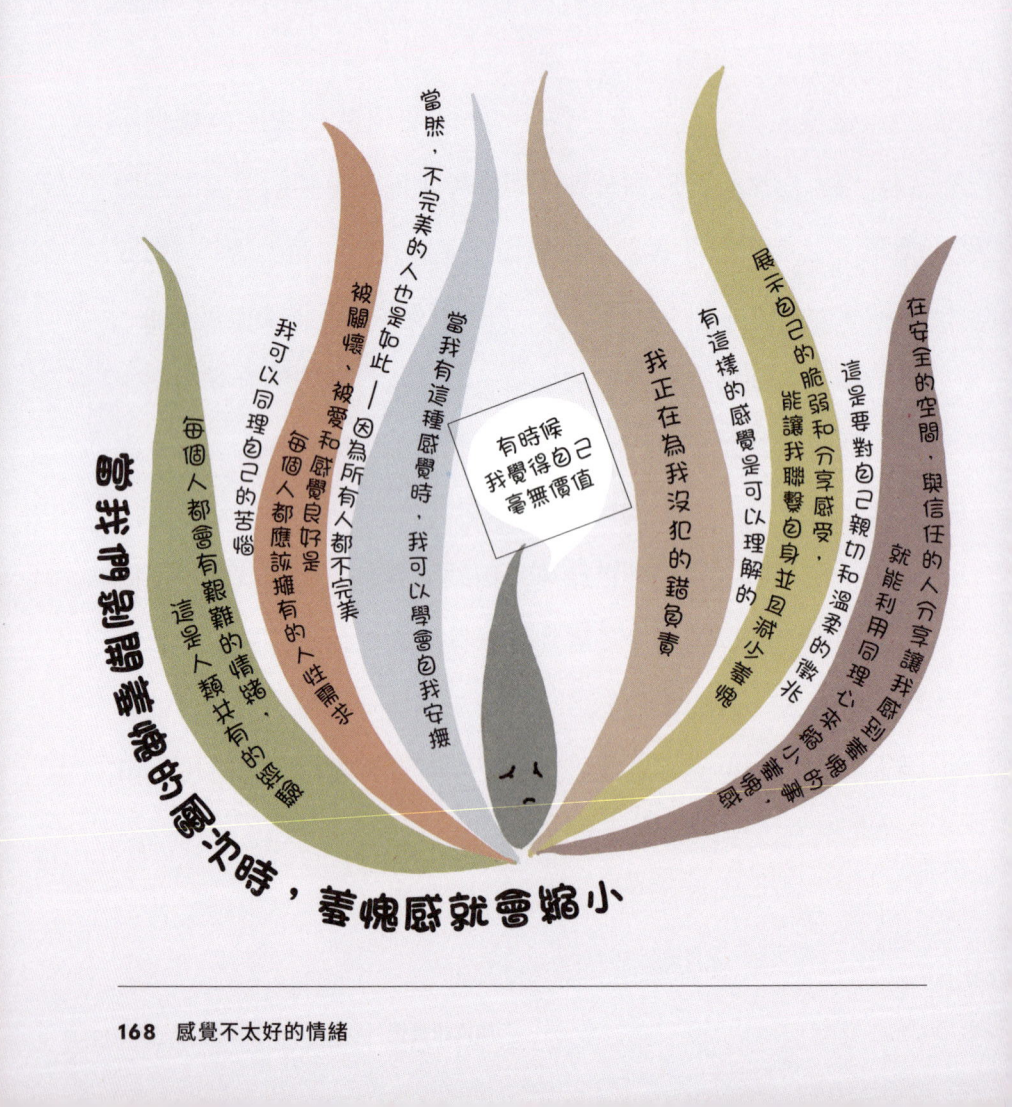

有時候我覺得自己毫無價值

當照，不完美的人也如此——因為所有人都不完美

被關懷、被愛和感覺良好是每個人都應該擁有的人性權益

我可以同理自己的苦惱

每個人都會有艱難的情緒，這是人類共有的經驗

當我有這種感覺時，我可以學會自我安撫

我正在為我沒犯的錯負責

有這樣的感覺是可以理解的

展示自己的脆弱和分享感受，能讓我聯繫自己身並回報少許

這是要對自己親切和溫柔的邀請，可能是件小事

在安全的空間，與信任的人分享感受，就能利用同理心來坦然面對的事情

當我們剝開羞愧的層次時，羞愧感就會縮小

> 練習 2

脆弱與穩定的自我價值

　　羞愧感與我們看待自己和自我價值（self-worth）的方式有內在的關係。自我價值就是了解自己有內在的價值，並且按照自己的價值生活，而不是外在的期望。使用下列插圖來思考你的自我價值從何而來，以及是否有辦法連結圖中「磐石」裡較穩定的評斷方法，來創造更大的自我價值。

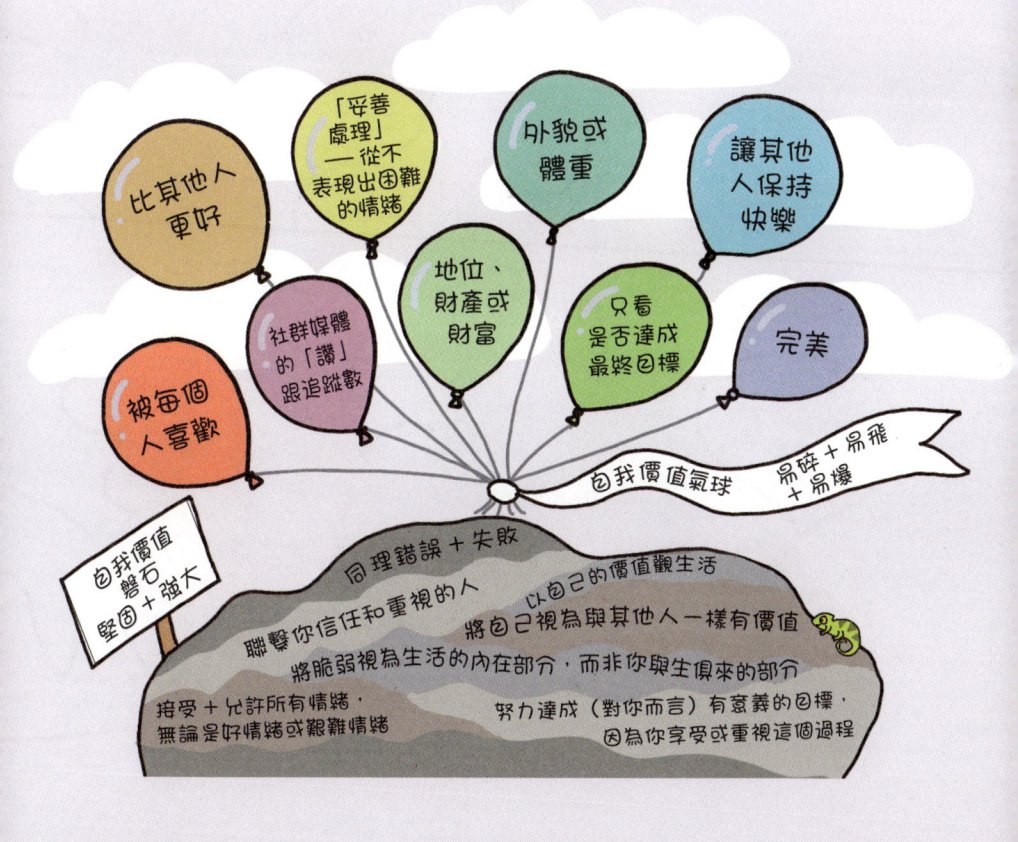

氣球（自我價值氣球 — 易碎＋易飛＋易爆）：
- 比其他人更好
- 「妥善處理」— 從不表現出困難的情緒
- 外貌或體重
- 讓其他人保持快樂
- 社群媒體的「讚」跟追蹤數
- 地位、財產或財富
- 只看是否達成最終目標
- 完美
- 被每個人喜歡

自我價值磐石（堅固＋強大）：
- 同理錯誤＋失敗
- 聯繫你信任和重視的人
- 以自己的價值觀生活
- 將自己視為與其他人一樣有價值
- 將脆弱視為生活的內在部分，而非你與生俱來的部分
- 接受＋允許所有情緒，無論是好情緒或艱難情緒
- 努力達成（對你而言）有意義的目標，因為你享受或重視這個過程

內疚和羞愧（Guilt and shame）　169

練習 3

內疚或不內疚

當你發現自己感覺內疚時,請使用這個流程圖,思考這種內疚感是合理或錯誤,以及在這種情況下,你可以幫自己做什麼。

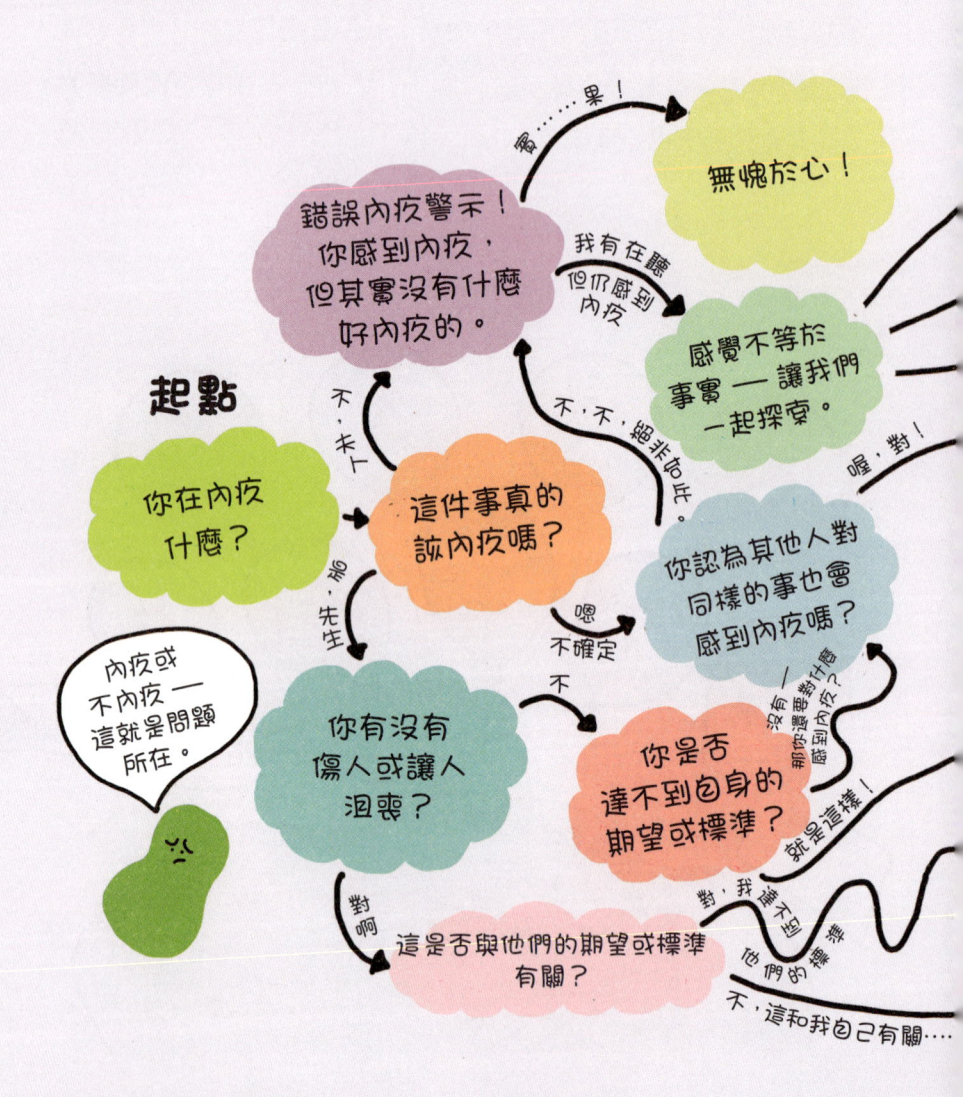

起點

你在內疚什麼?

→ 這件事真的該內疚嗎?

- 不,不,才不是。→ 錯誤內疚警示!你感到內疚,但其實沒有什麼好內疚的。
- 我有在聽,但仍感到內疚 → 無愧於心!(哼……果!)
- 不,不,絕非如此。→ 感覺不等於事實——讓我們一起探究。
- 嗯,不確定 / 不 → 你認為其他人對同樣的事也會感到內疚嗎?
  - 喔,對!
  - 沒有,誰會對什麼感到內疚? / 就是這樣!

嗯,先生 → 你有沒有傷人或讓人沮喪?
- 對啊 → 這是否與他們的期望或標準有關?

你是否達不到自身的期望或標準?
- 對,我達不到他們的標準
- 不,這和我自己有關……

內疚或不內疚——這就是問題所在。

決策流程圖

- **思考一下你說的事情對自己代表什麼**
- **你感受到什麼？為何如此？寫出背後的故事**
- **詢問信任的對象並獲得其他觀點**

一些能幫助感受的想法

- **真的？？還是你太苛刻了？**

→ 好吧，也許是有點太苛刻了。

- **錯誤內疚警示！模糊、不公平或不切實際的標準是不可能達成的**

對，真的會內疚 / 現在你來說就看一下 / 呃……我想是如此

- **此標準是否明確、公平且符合現實？**

也許，看這項。

→ 或許，試試這項？

- **同理心第一課 我們總會犯錯 ——善待自己 + 從中學習。**

也許也試試這項 / 但如果你對自己太苛刻 / 試試這項。

- **決定你自己的明確標準 + 價值觀來引導你前進**

我不同意 / 我同意

- **你真的同意這些嗎？（它們與你的價值觀一致嗎？）**

- **你如何達到這標準，或實踐這價值觀？**

我真的相信我該對此感到內疚

- **我應受譴責！是時候解決和修復了——你如何能將這件事做到最好？**

內疚和羞愧（Guilt and shame） 171

我是焦慮循環

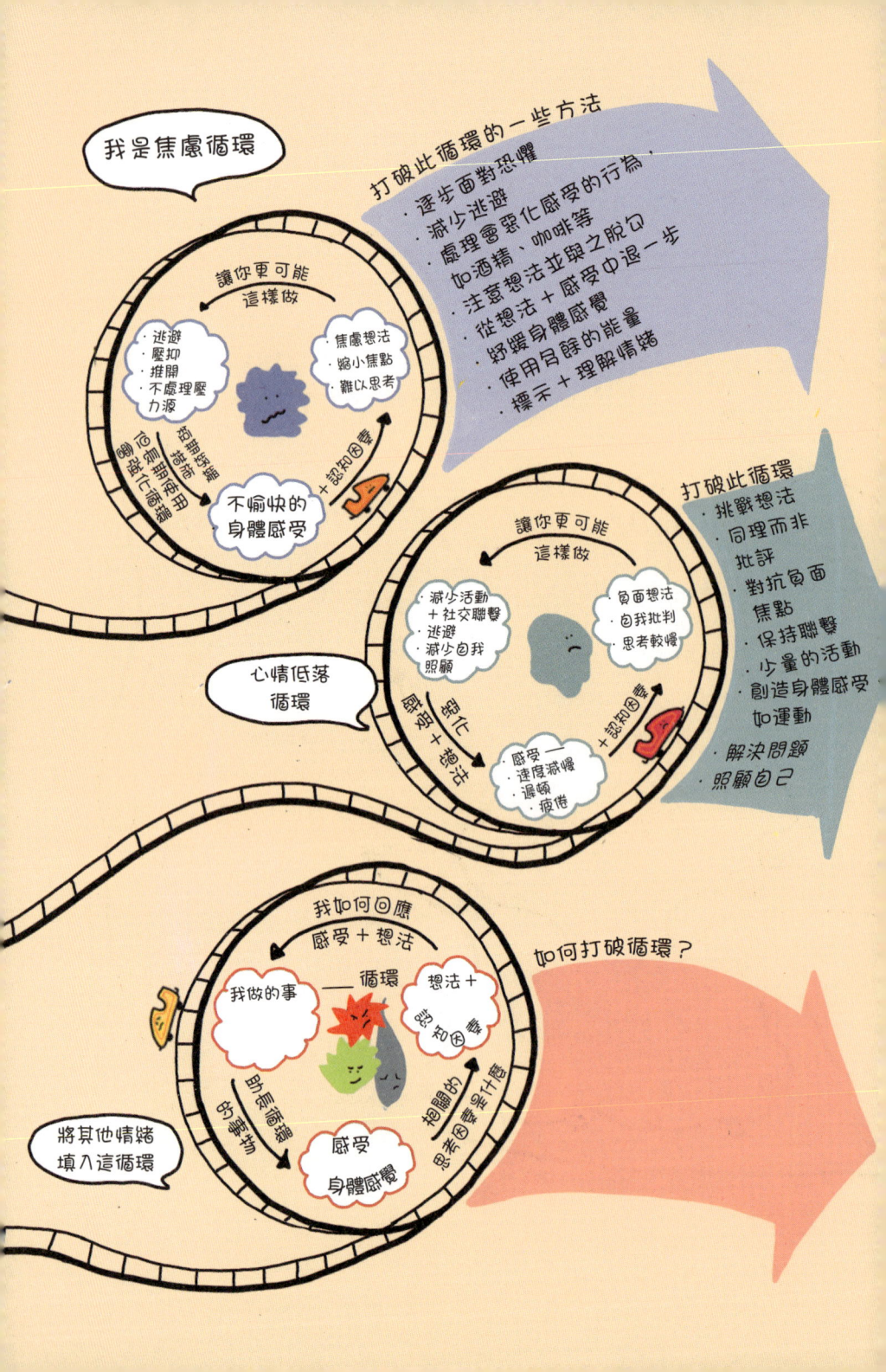

讓你更可能這樣做

- 逃避
- 壓抑
- 推開
- 不處理壓力源

短期好轉，長期使用會讓焦慮持續

+認知反芻

- 焦慮想法
- 縮小焦點
- 難以思考

不愉快的身體感受

打破此循環的一些方法

- 逐步面對恐懼
- 減少逃避
- 處理會惡化感受的行為，如酒精、咖啡等
- 注意想法並與之脫勾
- 從想法+感受中退一步
- 舒緩身體感覺
- 使用多餘的能量
- 標示+理解情緒

心情低落循環

讓你更可能這樣做

- 減少活動+社交聯繫
- 逃避
- 減少自我照顧

感受+想法

+認知反芻

- 負面想法
- 自我批判
- 思考較慢

感受—
- 速度減慢
- 遲頓
- 疲倦

打破此循環

- 挑戰想法
- 同理而非批評
- 對抗負面焦點
- 保持聯繫
- 少量的活動
- 創造身體感受如運動
- 解決問題
- 照顧自己

將其他情緒填入這循環

我如何回應感受+想法

我做的事 — 循環 — 想法+認知反芻

相關的思考圖像是什麼

感受身體感覺

助長循環的事情

如何打破循環？

第 6 章
情緒和行為的模式

我們到目前已經坐了多長的情緒雲霄飛車啊！我們遊歷了一部分你人生中可能經歷的許多情緒，並且對它們有了更深入的了解。不過先別放輕鬆，因為現在是最後衝刺的時候了。在這最後一章裡，我們將探討如何打破那些不利於我們應對情緒的模式。我們也會在一些交界點停下來，看看我們如何走上稍微不同的軌道，在未來的雲霄飛車上創造更多我們想要的情緒。此外，我們也會想辦法走出我們有時候會陷入的糾結迴圈。這一切都是關於建立和打破情緒模式，我們無法假裝這段旅程輕而易舉。它涉及到學習新的技巧和反應方式，來將情緒舒緩、引導和創造。我們正在為我們的雲霄飛車構築新的軌道，這需要時間、精力和毅力。但是當我們建造這些軌道時，我們會發現情緒開始成為有用的旅行夥伴，而它們一直都是如此。

在情緒雲霄飛車上的
「慈悲之雨」(RAIN)
塔拉・布萊克的「慈悲之雨」冥想
真的需要下一場暴雨，才能讓這些人注意到自己的情緒嗎？
認知(Rocognize)發生的事
容許(Allow)經驗的存在
觀察(Investigate)時保持興趣與關懷
滋養(Nurture)時保持同理
我可以清楚看到自己的情緒了
下雨了
這潮溼的天氣真的能讓事情聚焦

建立與打破情緒模式

　　往上走，再往上走！準備好體驗新奇的事物了嗎？我們正準備在情緒雲霄飛車上駛向新的路線，沿著較少人走過的軌道，改道，甚至建造全新的軌道以走向未來。建立新路線和改道對大腦的要求更高，因為大腦需要付出更多的努力，才能擺脫已走過的路徑，做出新的預測。一開始，這會很吃力，但是會愈來愈容易，最後成為一種反射。建立和打破情緒模式也需要我們的身體付出更多的預算，因為這表示我們要擺脫易走又滑順的慣用軌道。我們將專注於創造情緒模式（透過在我們的一天中建立感覺良好的情緒）和打破模式（透過檢視讓我們陷入無益循環的模式）。

　　情緒是在雲霄飛車上開闢新路的核心事務。如果我們在誤入歧途或無法達成預期目標時自責，會讓我們感覺很糟糕，大腦會把這種感覺和我們正在做的事情聯繫起來，讓我們覺得這一切太困難了。我們更容易放棄，或回到我們習以為常的路線上，諷刺的是，當我們在嘗試讓自己感覺好一點時，這會讓我們感覺不好。我們所有的雲霄飛車都難免偏離預期

的路線，因為這就是人生，我們都需要支持才能回到我們想要的軌道上。想像成一群旁觀者的影響——如果他們在你沒有處理好事情時罵你，你還會繼續努力嗎？（我們有時候會認為負面的自我對話或者壓力會讓我們繼續努力，不過證據顯示，這種一直噓聲的群眾只會讓我們覺得自己很垃圾，而且長期沒有動力）

建立和打破情緒模式需要一群啦啦隊的支持，無論是你自己內心的聲音或是你生活中的人皆可（最好兩者都有）。這些啦啦隊不需要假裝你一定很棒，但是他們了解你和其他人一樣，不總能做對事情。當你的身體預算不足、大腦負荷過重、疲倦、壓力過大或心情不佳時，你也很可能會回到陳腐且無益的軌道上。你的啦啦隊不需要專注於哪裡出錯，而是（如果可能的話）要了解為什麼會發生這種情況，犯錯很正常，並且看看你是否可以從裡面學到什麼。同樣重要的是，當事情不順利時，不要責備自己並內化（都是你的錯、事情永遠都不會好轉），而是以同理的態度來處理，對自己說好話，與此同時也指出一些不那麼支持你的人（負面的自我對話）可能告訴你的故事。你需要你的啦啦隊大聲鼓舞你。

因此，在我們開始做出任何改變之前，讓我們先想想你希望哪些支持的聲音在你的路上為你打氣。想想你會對自己說些什麼，與此同時也想想在你的生活裡有哪些人會形成支持團體，幫你走過任何你預計要走的嶄新路徑。有了支持，事情看起來更有可能成功，也更容易處理。

建立模式

我們常常想做一些新的事情來幫助情緒，創建出對感受有正面影響的情緒。我們可能認為這需要大修、大轉彎或者全新的路徑，但其實只要微調方向盤，就能讓我們的情緒雲霄飛車駛向稍微不同的方向，起初看起來微不足道，不過長遠時卻能帶領我們駛向完全不同的路徑。每天的小事——小暫停、短暫散步、健康早餐、多喝一杯水、一劑喜悅、放鬆時間、剎那的敬畏——都有助於管理身體預算，讓你感覺很好；它們是製造好心情的原料。這些日常的調整看似簡單得好笑，但是往往比宏大的舉動更能帶來長期的改變。為什麼呢？一切都要回歸到情緒。這些調整讓人覺得容易實現，因此我們更容易開始去做，而「開始」就佔據這場戰役的絕大部分了；一旦我們開始做些讓自己感受良好的事情，我們更容易繼續下去。這種成就感是與生俱來的獎賞，並使我們想

做更多。我們只需要相信我們微調軌道的力量，就能對感覺和情緒產生長期的影響。

　　研究也提供了許多證據，證明我們可以運用情緒，在任何微小的軌道轉移中，確保自己更能繼續前進。與其因為偏離軌道而責備自己（這是無可避免的，因為我們的雲霄飛車很少是直線行駛的），我們可以肯定自己所取得的成就，以創建正面的情緒。我們可以專注於旅途裡感覺美好的部分，而不是眺望遠方的終極目標。享受旅程，而不是專注於目的地。以積極的態度記錄你的進度，慶祝即使是微小的成就，也會讓你注意到你所做的一切。和其他人一起進行活動或記錄進度，會讓你更積極。你也可以將喜歡的事情結合在一起──雙重好感度加成──例如在散步時和朋友見面、在運動時聽音樂。

　　正面的提示也可以建立有益於情緒的習慣。這可以是提示自己在每次會議結束時喝水，或者提示自己停下來，在午餐時間與朋友見面，讓自己休息一下。規畫也是有力的工具：規畫休息時間和有益情緒的活動。如果白紙黑字寫下來，而且你已經為它分配了時間，就更容易去做。

練習1

用微調改變軌道

　　想一想你可以用哪些微調讓自己每天都有好心情。微調看似微不足道,不過隨著時間的推移,可能會帶你走上完全不同的軌道。你可以在情緒雲霄飛車裡加入哪些微調來改變軌道呢?

練習2

你的啦啦隊伍

　　使用下面的插圖來思考,你希望啦啦隊跟你說什麼,來協助你創造正面的改變,並且在你偏離預期方向時給你同理。當你的批判隊伍聲音愈來愈大時,提醒自己這一點。

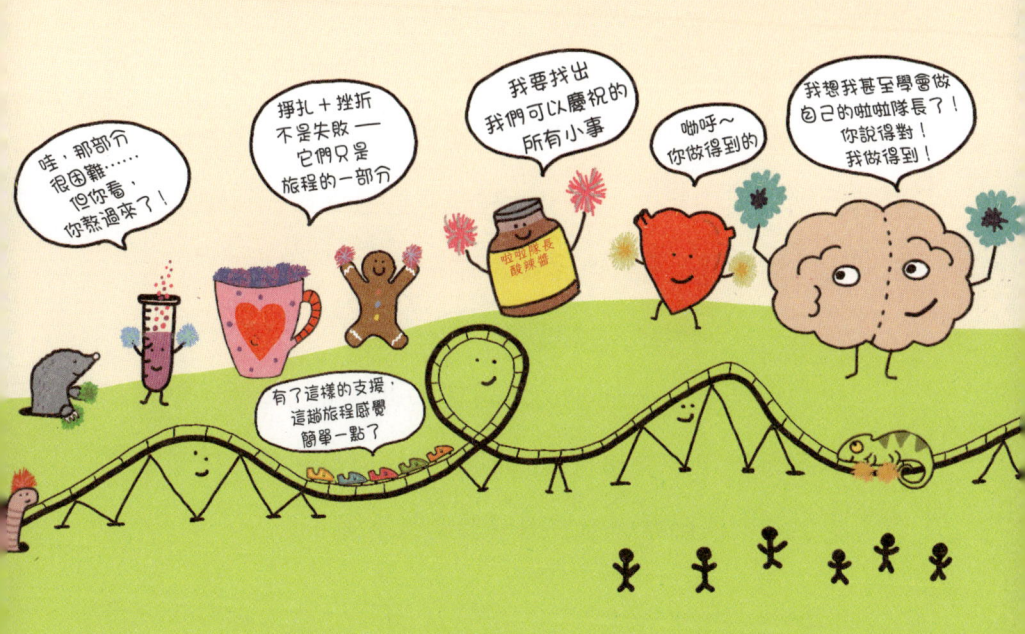

打破模式

建立新軌道是照顧情緒的一部分,而打破我們陷入的舊軌道和模式則是另一部分。我們的情緒軌道可能會變成習慣:大腦會自動預測接下來會發生什麼事,而我們也會隨之陷入相同的自動反應,讓我們卡在那些糾纏不清的循環,難以擺脫。通常這些模式都很陳舊、可能是在某個時期形成,在過去時曾幫過我們,或者發揮了某種功能。你可能在孩童時代學習逃避家庭內的衝突,以維護自己的安全,或避免惹上麻煩,這導致你在成年後逃避憤怒或衝突。這表示你會陷入困境,永遠無法解決或離開這些感受,向前邁進。你也許學會了以完美的方式來處理焦慮,做個從不做錯事的好孩子,直到維持這種完美的形象導致更多的焦慮,對你的身體預算造成壓力和需求。我們每個人都有自己的模式,而要從這些模式中脫離是很困難的,因為這些模式是自動化和慣性的。我們的大腦有預測能力,這表示在我們意識到自己正在這樣做之前,就已經沿著這些軌道前進了。

你也可能會陷入某些情緒因其本質產生的循環。你可能已經學會逃避讓你覺得不舒服的事情來處理焦慮,這樣做雖然能提供短期的舒緩,卻會造成長期的不適。

低落的情緒會讓你退縮以保持安全,但是這最終會讓你感覺更糟糕。我們每個人都很容易有這樣的模式,這些模式看似能讓我們保持安全,不過在某些情況下卻會產生相反的效果,讓我們感覺更糟。

　　當我們最需要做不同事情的時候,往往是我們的情緒最困難、身體預算最耗盡的時候,這表示大腦更難打破舊有模式或者創建新模式。因此,我們需要運用最好的情緒技巧來幫助自己,但是當我們還是繼續沿著相同的軌道前進的時候,也要同理這個狀況。

　　你或許看起來正在以不可阻擋的勢頭在單向軌道上前行。然而,你愈是停下來改變對情緒的反應,你就愈能建立不同的軌道,在情緒發生時給你不同的選擇,也表示你可以踏上另一條軌道。這條軌道一開始可能雜草叢生,難以前進,但是你使用得愈多,大腦就愈有可能預測出這條軌道是正確的路線,也就是說,你愈有可能走這條軌道,而這條軌道也會變得更平順、更容易讓你走向未來。

　　改變軌道的第一個動作是要意識到情緒正在產生。覺察

就像是軌道上的減速標誌，表示我們可以停下來思考，思考我們如何回應，並且決定離開習慣的軌道，走上更有幫助的回應路線。

　　以下的練習可以幫你放慢腳步，在情緒和反應之間創造空間，並找出自己的模式，與細微但有效的改變，以打破這些模式並建立新的軌道。

> 練習 3

在情緒雲霄飛車上的「慈悲之雨」

　　這個練習是以塔拉·布萊克（Tara Brach）的「慈悲之雨」冥想為基礎，目的在於增加覺察能力，讓你從情緒裡抽身而出，將自己轉移到選擇的軌道上。認知（Recognize）、容許（Allow）、觀察（Investigate）、滋養（Nurture）：這是一個很好的縮寫，可以用來提示你覺察正在發生的事情，並且思考軌道的下一步要走去哪裡。請使用第 174 頁的插圖來思考你需要放慢速度的跡象，並在你的情緒雲霄飛車上創造「慈悲之雨」，且積極思考你下一步想在這種情緒下往哪裡走，而不是被你習慣性的情緒反應所驅使。

> 練習 4

打破循環

　　你會陷入哪種情緒模式的反應循環呢？在第 172 頁的插圖有些特定的循環，這些循環是以焦慮和低落情緒的模式為基礎。然而，你可以將這些概念用在任何有困難的情緒上。請列出一些你陷入的模式，以及在你下次遇到這些情緒時，有哪些微小的介入措施可以讓你創造不同的路線。當你感覺還可以的時候，會比較容易發現循環和規畫新的路線。一旦你意識到再次感受到這種情緒，你就可以促使大腦走新的路線，而不是卡在循環中。

情緒：
繼續馳騁

　　終點旗幟就在眼前，我們已經到了軌道的盡頭——這是一段多麼感性的旅程。我們烤了一些餅乾、繞到沒有負面情緒的島嶼、繞了幾十個圈、預測未來、穿越歷史、驅走腦袋裡的蜥蜴，也許還從情緒雲霄飛車裡拋棄了一些過去的信念。我們的情緒一直是旅程中的夥伴，從未被遺忘或因其負面而被拒絕，而是被注意、被確認、被理解、被篩選、被給予空間、被標示、被安撫，並且被用來協助導航旅程。

　　此處也許是我們透過本書一同旅途的終點，但是這只是你自己旅程的第一步。你將如何帶著情緒前進，將其視為你生活核心的一部分？也許你會以不同的方式來看待情緒，將其視為有意義的資訊，而不是一天當中不想要的侵擾。也許，當情緒出現時，你會開始更注意到它們，因為它們會讓你的肩膀緊張起來，讓你的頭因期待而暈眩，或者是讓你平靜下來。也許你會接受它們成為旅伴，讓它們在你的旅途中與你並肩而行。你甚至可以加入我的「情緒收藏家俱樂部」，建立你自己的情緒組，如此一來，你就可以擴展你的概念，調

整大腦的預測,並且了解這些情緒出現時到底發生了什麼事。無論你做什麼,在增加情緒專業知識的過程裡,你會把情緒放在你未來情緒雲霄飛車的核心位置,幫你導航和建立你的軌道。不過請記住,大腦無可避免地會讓你回到習慣的路線上,請不斷回顧你的雲霄飛車式相關想法和意念(請參閱第14頁),以提醒你在情緒出現時可以做些什麼,來協助理解、回應和引導它們。

　　我們也會透過自己的言行創建他人的情緒,也會透過嘗試預測和了解他人的感受來建構他人的情緒。我們的情緒雲霄飛車會支持我們聯繫的人,當他們情緒低落時,我們會扶持他們,當他們情緒高漲時,我們會包容、安撫他們。我們的言語擁有造成情緒傷害與治癒情緒痛苦的力量。我們的行為會創造或破壞他人的情緒。我們的情緒軌道相互交錯,彼此糾纏在一起,難以解開。這種大腦之間情緒的互動,也讓我們每個人對自己如何影響他人負起責任。

　　若允許自己與家人、朋友討論自己工作或日常的感受,將我們的情緒放在我們所做與互動的核心位置,而不是扼殺、忽略它們,這對我們所有人都有好處。如果我們能夠理解情緒,即使是在傳統上不承認情緒的環境裡(例如工作場所、學校、大學和公民空間),也能協助我們解決棘手的情況、

創造更好的文化、理解和識別問題,並尋找解決方式。證據顯示,給予情緒空間和時間,有助於我們在任何情況下更好地工作、學習、聯繫、創新、應對、生活,當然還有更好的感受。

我們對情緒的認識也讓下一代更能負責。在教導和談論兒童情緒的方式上,已經有了世代的轉變,這是一件非常正面的事情。讓兒童能夠清楚地表達他們的感受,而不會受到懲罰或者減少回饋,有助於兒童在生活裡了解自己和自身需求。創造一個情緒詞彙可以支持這種理解,並且幫助他們的大腦以更精細和準確的預測來引導他們。為兒童的情緒留出空間,能讓他們有信心知道自己可以感覺不好,但是可以克服它,並且學習將來有這種感覺時應該怎麼做。所有這一切都將幫助他們在情緒的陪伴下,理清他們將要走過的、不可避免的循環。如果你想進一步了解這個問題,我在「延伸閱讀」部分(請參閱第188頁)提供了一些資源。

我在寫這本書的過程裡經歷了很多情緒,我相信你在閱讀這本書的過程中也經歷了很多情緒。對我來說,其中有些情緒是關於這本書的,但是也有很多是關於我在搭乘情緒雲霄飛車期間的其他事情。從青少年時代到現在,我已經走過了漫長的道路,但是我並非總能成為應用理論和回應自己情

緒的模範──我們都可能在注意到它之前就被生活壓得喘不過氣來。我們都只是在生活裡馳騁的情緒腦，嘗試在起起伏伏的生活裡穿梭，雖然不一定都能做對，不過總是盡力而為。毫無疑問，情緒會讓人沮喪、不知所措，甚至惱人，但是它們是必要的，也是不可避免的。因此，讓我們給予情緒應有的地位，因為它們不是附加物、非理性的客人、柔軟又毛茸茸的東西或者演化上的多餘事物。它們是人類的核心。

延伸閱讀

你可以從這些資源裡找到更多有關本書所討論的一些主題的資訊。

我的一些情緒資訊收集來自約翰・柯尼希 (John Koenig) 的著作《晦澀的悲傷辭典》(*The Dictionary of Obscure Sorrows,* Simon & Schuster 出版社，2022 年)，請參考 www.dictionaryofobscuresorrows.com

第 1 章：認識情緒

Damasio, Antonio, *The Feeling Of What Happens: Body and Emotion in the Making of Consciousness,* Mariner Books, 2000

Cesario, J., Johnson, D.J., & Eisthen, H.L., 'Your brain is not an onion with a tiny reptile inside', Current Directions in *Psychological Science*, 29(3), 255–260, 2020

Mlodinow, Leonard, Emotional: *The New Thinking About Feelings*, Penguin, 2022

Beck, Julie, 'Hard Feelings: Science's Struggle to Define Emotions', The Atlantic, 24 February 2015

Kleinginna, P.R. & Kleinginna, A.M., 'A categorized list of emotion definitions, with suggestions for a consensual definition', *Motivation and Emotions*, 5(4), 345–379, 1981

Dixon, T., ' "Emotion" : The history of a keyword in crisis', *Emotion Review*, 4(4), 338–344, 2012

Darwin, Charles, *The Expression of the Emotions in Man and Animals*, John Murray, 1872

Sagan, C., *The Dragons of Eden: Speculations on the Evolution of Human Intelligence*, Random House, 1977

Ekman, P., 'An argument for basic emotions', Cognition and Emotion, 6(3–4), 169–200, 1992

Lisa Feldman Barrett's page and research: https://lisafeldmanbarrett.com

Barrett, L.F., 'The theory of constructed emotion:an active inference account of interoception andcategorization', *Social Cognitive and Affective Neuroscience*, 12(1), 1–23, 2017

Barrett, Lisa Feldman, *How Emotions Are Made:The Secret Life of the Brain*, Pan Books, 2018

Barrett, Lisa Feldman, *Seven and a Half Lessons About the Brain*, Picador, 2021

第 2 章：為什麼我們的反應各不相同

Therapy for Real Life podcast, 'Understanding the Body Budget with Lisa Feldman Barrett' https://anchor.fm/therapy-for-real-life/episodes/Understanding-The-Body-Budgetwith-Lisa-Feldman-Barrett--PhD-eljs7a

Chao, R.C-L., 'Managing stress and maintaining well-being: Social support, problem-focused coping, and avoidant coping', *Journal of Counseling & Development*, 89(3), 338–348, 2011

Elliott, R., Rubinsztein, J., Sahakian, B., & Dolan,R., 'The neural basis of mood-congruent processing biases in depression', *Archives of General Psychiatry*, 59(7), 597–604, 2002

For acceptance and commitment exercises on unhooking from thoughts, see Dr. Russ Harris' website, https://thehappinesstrap.com

Tseng, J. & Poppenk, J., 'Brain meta-state transitions demarcate thoughts across taskcontexts exposing the mental noise of traitneuroticism', *Nature Communications*, 11, 3480,2020

第3章：回應我們的情緒

David, Susan, Emotional Agility: *Get Unstuck, Embrace Change and Thrive in Work and Life*, Avery Publishing Group, 2016

Cameron, L.D. & Overall, N.C., 'Suppression and expression as distinct emotion-regulation processes in daily interactions: Longitudinal andmeta-analyses', Emotion, 18(4), 465–480, 2018

Posner J., Russell J.A., & Peterson B.S., 'The circumplex model of affect: an integrativeapproach to affective neuroscience, cognitivedevelopment, and psychopathology', *Development and Psychopathology*, 17(3),715–34, 2005

Dr. Laurie Santos' podcast, The Happiness Lab, with Brené Brown's quote: www.pushkin.fm/podcasts/the-happiness-lab-with-dr-laurie-santos/reset-your-relationship-with-negative-emotionsin-2022

Tan, T.Y., Wachsmuth, L. & Tugade, M.M., 'Emotional Nuance: Examining Positive Emotional Granularity and Well-Being', *Frontiers in Psychology*, 2022

Watt Smith, Tiffany, *The Book of Human Emotions: An Encyclopedia of Feeling from Anger to Wanderlust*, Wellcome Collection, 2016

http://atlasofemotions.org

Willcox, G., 'The Feeling Wheel: A Tool for Expanding Awareness of Emotions and Increasing Spontaneity and Intimacy', *Transactional Analysis Journal*, 12(4), 274–276, 1982

Dr. Laurie Santos' podcast, The Happiness Lab, with Susan David's lighthouse analogy: www.pushkin.fm/podcasts/the-happiness-lab-with-drlaurie-santos/emotions-are-data-so-listen-to-them

第 4 章：感覺良好的情緒

Reading, Suzy, Rest to Reset: *The busy person's guide to pausing with purpose*, Aster, 2023

Dr Kirsten Neff's webpage on compassion: https://self-compassion.org

Luo, Yangmei, Chen, Xuhai, Senqing, Qi, You, Xuqun & Huang, Xiting, 'Well-being and Anticipation for Future Positive Events: Evidences from an fMRI Study', *Frontiers in Psychology*, 8, 2199, 2018

The science of awe: https://ggsc.berkeley.edu/images/uploads/GGSC-JTF_White_Paper-Awe_FINAL.pdf

第 5 章：感覺不太好的情緒

Andrew Huberman's summary of panoramic vision: https://www.scientificamerican.com/article/vision-and-breathing-may-be-the-secretsto-surviving-2020/?amp=true

Balloon analogy on Dr Chatterjee's podcast: https://drchatterjee.com/why-emotions-mattermore-than-you-think-with-professor-marc-brackett/

Bullmore, Edward, *The Inflamed Mind: A Radical New Approach to Depression*, Short Books, 2019

Russell, Hselen, How to Be Sad: Everything I've Learned About Getting Happier by Being Sad, Harper One, 2022

Ünal, H., 'The Role of Socialization Process in the Creation of Gender Differences in Anger', Kadın/Women 2000 (*Journal for Woman Studies*), 5(1–2), 25–41, 2004

Brown, Brené, *Daring Greatly: How the Courage to Be Vulnerable Transforms the Way We Live, Love, Parent, and Lead*, Avery, 2012

第 6 章：情緒和行為的模式

Tara Brach's RAIN meditation: https://tarabrach.ac-page.com/rain-pdf-download

Lyubomirsky, S. & Layous, K., 'How Do Simple Positive Activities Increase Well-Being?', *Current Directions in Psychological Science*, 22(1), 57–62, 2013

情緒：繼續馳騁

Lane, Dr. Anne, *Nurture Your Child's Emotional Intelligence: 5 Steps to Help Your Child Cope with Big Emotions and Build Resilience*, Welbeck Balance, 2022

Dr. Martha Deiros Collado's website: www.drmarthapsychologist.com

Dr. Emma Svanberg's website: https://mumologist.com/therapy

感謝

在寫這本書的過程中，我有很多情緒。感謝幫助過我走過那些情緒的你們：

支援：我的編輯 Julia 和 Greenfinch books 出版社的 Kerry 所付出的時間、心思和耐心

信心：我知道我的作品在 Ella、Ginny、Lipfon、Katie 和 Quercus 團隊的管理下會安全順利

包容：Fraser、Evie 和 Stuart

自我懷疑：我的「屎頻道」音量控制者 Rona 和 Susan。我的 Keith 公關團隊、Douglas 和 Wilma。

享受：阿公和阿媽、Henry and William & Co 在陽光明媚的高地度假。70 歲生日快樂。

靈感：Emma & Jenny S 與 Meatloaf，不知道你們有沒有想到，但你們讓這本書得以出版。

國家圖書館出版品預行編目(CIP)資料

情緒解鎖：解開負面循環的 45 項練習，幫你打開幸福開關 / 艾瑪‧赫伯恩（Dr Emma Hepburn）著 / 繪；克里斯‧克洛斯（Chris Close）攝；戴月芳譯. -- 初版. -- 臺中市：晨星出版有限公司，2025.03
面；　公分. --（勁草生活；552）
譯自：A Toolkit For Your Emotions:45 Ways To Feel Better
ISBN 978-626-420-017-2（平裝）
1.CST：情緒管理　2.CST：心理衛生
176.52　　　　　　　　　　　　　　　　113018428

歡迎掃描 QR CODE
填線上回函！

勁草生活 552	**情緒解鎖：** 解開負面循環的 45 項練習，幫你打開幸福開關 A Toolkit For Your Emotions:45 Ways To Feel Better

作者	艾瑪‧赫伯恩醫師（Dr Emma Hepburn）
繪者	艾瑪‧赫伯恩醫師（Dr Emma Hepburn）
攝影	克里斯‧克洛斯（Chris Close）
譯者	戴月芳
編輯	許宸碩
校對	許宸碩、戴月芳
封面設計	初雨有限公司（Ivy_design）
美術設計	張蘊方
創辦人	陳銘民
發行所	晨星出版有限公司 407 台中市西屯區工業 30 路 1 號 1 樓 TEL：04-23595820　FAX：04-23550581 E-mail：service-taipei@morningstar.com.tw https://star.morningstar.com.tw 行政院新聞局版台業字第 2500 號
法律顧問	陳思成律師
初版	西元 2025 年 03 月 15 日（初版 1 刷）
讀者服務專線	TEL：02-23672044 ／ 04-23595819#212
讀者傳真專線	FAX：02-23635741 ／ 04-23595493
讀者專用信箱	service@morningstar.com.tw
網路書店	https://www.morningstar.com.tw
郵政劃撥	15060393（知己圖書股份有限公司）
印刷	上好印刷股分有限公司

定價 390 元
ISBN 978-626-420-017-2

A Toolkit for Your Emotions is first published in Great Britain in 2023 by Greenfinch
An imprint of Quercus Editions Ltd, Carmelite House, 50 Victoria Embankment,
London EC4Y 0DZ, An Hachette UK company

Copyright © 2023 Emma Hepburn
Author photo © Chris Close

The moral right of Emma Hepburn to be identified as the author of this work has been asserted
in accordance with the Copyright, Designs and Patents Act, 1988.
Copyright licensed by Berrett-Koehler Publishers through Grayhawk Agency.
This edition is translated and published by Morning Star Publishing Inc.
All rights reserved.

版權所有‧翻印必究
（缺頁或破損，請寄回更換）